Comunicación Efectiva

5 Consejos y Ejercicios Esenciales para Mejorar la Forma en que se Comunica en este Mundo Dividido, ¡Incluso si se Trata de Política, Raza o Género!

Max J. Harrison

Tabla de Contenidos

Introducción

¡Hola!

¿Cómo has estado? ¿Exhausto?

Es entendible. Si no consigues comunicarte de manera efectiva, especialmente en las relaciones con las que tenemos que lidiar a diario, como la familia, los amigos o incluso los compañeros de trabajo, puedes sentirte agotado.

Después de todo, si tienes que explicarte a ti mismo veinte millones de veces, ¿quién no estaría molesto, cierto? ¿Puedes escuchar la pequeña voz en tu cabeza, la que sigue estando de acuerdo con todo lo que acabas de leer? - Tremendo antagonista, ¿no es así?

Se siente bastante parecido a estar molesto con las personas a tu alrededor, ¿no? Es como si su malentendido y su falta de adaptación fuera una reflexión sobre quiénes son como personas.

Bueno, sea como sea, ¿alguna vez te has preguntado si hay algo que podrías arreglar en términos de cómo *tú* te estás comunicando?

Piénsalo-¿has tenido problemas para comunicarte?

¿Alguna vez has sentido que lo que dices y lo que quieres decir no son realmente lo mismo, y que no te han entendido bien?

¿Sí?

¿Alguna vez te has preguntado por qué?

La falta de comunicación dinámica en el trabajo y el hogar es extremadamente perjudicial tanto para carreras y una vida familiar saludable. Esto se debe a que el sentirse frustrado o no escuchado cuando se trata de personas con las que se relaciona diariamente es básicamente el manual con que se construye un colapso mental. Como seres humanos, necesitamos saber que lo que hacemos importa, y necesitamos sentirnos respetados y apreciados. Y la única forma de asegurar eso, es trabajando en nuestras habilidades de comunicación, para estar mejor equipados para entender y lidiar unos con otros.

Entonces, ¿cómo se supone que hagas todo eso? No busques más, aquí en Comunicación Efectiva-5 Consejos y Ejercicios Esenciales para Mejorar la Forma en que se Comunica en este Mundo Dividido, ¡Incluso si se Trata de Política, Raza o Género!-¡te tenemos cubierto!

Con la comunicación moderna cada vez más difícil, con

tantas cuestiones divisorias como la raza y la libertad religiosa en primer plano, es comprensible que a las personas con diferentes puntos de vista les resulte difícil encontrar un terreno común desde el que puedan discrepar respetuosamente. ¡Pero no es imposible!

¡Y estamos aquí para explicarte cómo hacer esto!

¿Listo?

No hay problema, no tienes que estarlo-por ahora, solo escucha.

Cuando te estás comunicando o cuando se comunican contigo, hay cinco conceptos clave que determinarán qué tan efectiva va a ser esta comunicación. A menudo son llamados los cinco Conceptos Clave de la Comunicación y son escuchar, entrega, empatía, honestidad, y ganancia. Cada uno de estos temas tiene la habilidad única de ayudar a cambiar opiniones y actitudes cuando se aplican apropiadamente.

Sabes lo que eso significa, ¿no?

Significa no más peleas a la hora de cenar o tirar la silla por lo que tu jefe ha estado diciendo. Una vez que hayas leído este libro y hayas aplicado activamente cada una de estas cinco técnicas, estarás listo para dominar el mundo-¡literalmente!

Entonces, ¿qué dices?

¿Estás listo?

¡Genial! Sigue leyendo; ¡te tenemos!

Capítulo Uno: Aprendiendo a Escuchar

"La más básica de las necesidades humanas es la necesidad de entender y la necesidad de ser entendido. La mejor manera de entender a las personas es escucharlas." - Ralph Nichols

Entonces, cuando pensamos en comunicación, nosotros, como la mayoría de las personas, tendemos a buscar maneras en las que podamos *impartir* conocimiento, en vez de *recibirlo*. Piénsalo. Cuando estás pensando en comunicación, realmente solo piensas en hablar. De hecho, incluso cuando *estás* pensando sobre oyentes, piensas en ellos en el contexto de hablantes, como si ellos existieran únicamente para apoyar hablar.

Pero eso realmente no tiene sentido, ¿o sí? Si los oyentes solo tienen valor cuando hay un hablante, ¿no es lo mismo para un hablante? ¿No valen nada ellos también por sí solos?

Y, sin embargo, los grandes oradores y hablantes son alabados y recompensados, mientras los oyentes son considerados superfluos para toda la experiencia.

Esto es porque en la historia moderna, principalmente la historia Occidental, el énfasis siempre ha estado en el individuo que comanda la multitud. Por esto cuando nos comunicamos creemos que la única manera de conectar es hablando, pero al hacerlo, estamos ignorando un elemento clave - nuestra audiencia.

¿A quién le estamos hablando?

¿Qué están haciendo?

¿Qué deberían estar haciendo?

¿Correcto?

No.

Espera y retrocede por un segundo. ¿Te diste cuenta que mientras leías este pasaje entero, inmediatamente te asignaste a ti mismo como el hablante y pensaste en X, Y o Z como el oyente? ¿Por qué crees que pasa eso?

Bueno, francamente, es por poder-el concepto de ser la persona que controla una multitud en vez de ser una de las personas que están siendo controladas te hace sentir que eres más autoritario y mejor que tu oyente. Eso nos trae al siguiente punto-respeto. Porque los oyentes son considerados 'más débiles', también los categorizas mentalmente a ser menos dignos de tu respeto. Esto en cambio perturba el balance de comunicación y hace que tu comunicación sea muy unilateral.

Empecemos arreglando eso.

Antes de concentrarte en lo que debería estar haciendo la otra persona, o lo que tú crees que necesitan hacer, ¿por qué no te enfocas primero en construir tus propias habilidades de comunicación? Antes de que vayas a enseñarles a otros cómo escucharte, ¿por qué no aprender cómo escuchar a otros?

¿Crees que puedes con ese desafío?

¡Genial!

Lo que vamos a aprender ahora es llamado Escucha Activa. La escucha activa es una técnica que lo sintoniza con el orador para que no sólo se concentre en las palabras del orador, sino también en su lenguaje corporal. Esto es crítico ya que la comunicación no verbal puede jugar un papel crucial en términos de verificar la autenticidad de la información que usted está recibiendo.

La meta de la escucha activa es asegurar que le están hablando, genuinamente intentas tomar la información que se te suministra. Piénsalo de esta manera—si tu mamá te pide que le consigas una hoja de papel para que pueda anotar algo mientras está al teléfono, y tú regresas con sólo una hoja de papel, ¿has escuchado realmente?

¿Qué pasaría si te dijera que—no?

El problema clave en lo que dijo es que ella quería una hoja de papel para poder tomar *nota*. Ahora hazte la pregunta, ¿una hoja de papel va a ser útil sin una pluma o un lápiz?

Verás, escuchar es más que palabras registrándose en tu mente, es sobre entender la intención y el propósito transmitido por esas palabras para que *tú* puedas ayudar a facilitar una solución basada en esas pistas. Hay muchas técnicas que puedes usar para mejorar tus habilidades de escucha. Ya que estás empezando, ¿por qué no empezamos con nueve pasos necesarios que pueden ayudar?

Entonces, ¿estás listo para convertirte en un Oyente Maestro?

¡Genial!

¡Aquí vamos!

Técnica 1: Ofreciendo Apoyo

¿Alguna vez te has preguntado por qué te sientes cómodo diciendo cosas a algunas personas e incómodo diciendo cosas a otros? ¿Por qué crees que pasa eso? Bueno, es porque algunas personas te han indicado, ya sea abierta o subliminalmente, que estás a salvo con ellos, y que puedes confiar en ellos y que te están tomando en serio. Ahora, si te sientes así cuando estás hablando, y si alguien que sólo está escuchando puede hacerte sentir cómodo o incómodo, ¿no crees que tienes la capacidad de hacer lo mismo cuando tú eres el oyente?

Entonces, ¿cómo puedes hacer eso?

Escenario Uno:

Digamos que, eres un profesor, y tienes un examen que tomar en aproximadamente diez a quince minutos. En este momento, tu colega que ha estado teniendo dificultades con la administración ha venido para hablarte sobre el problema porque él cree que puedes ayudar.

Quieres ayudarles, y quieres escucharles, pero estás viendo al reloj del pasillo cada dos minutos y te estás acercando lentamente al salón mientras asientes distraído a su diatriba.

¿Cómo crees que se siente tu colega?

¿Crees que se sienten escuchados?

Probablemente no, y se entiende. Tú te sentirías igual.

Bueno, volvamos y evaluemos qué salió mal. Cuando tu colega vino a hablar contigo, sabías dos cosas. (a) Que tienes una clase en diez minutos, y (b) que ellos querían conversar contigo sobre un tema que iba a tomar más de diez minutos. El problema era que ambos problemas eran incompatibles, lo que significa que al no decir nada, te estás metiendo en una posición imposible. No solo no vas a llegar a tiempo a clases a este paso, tampoco serás capaz de hacer sentirle a tu colega que valoras su tiempo o compartes su preocupación. En pocas palabras, se sentirán aislados y sin apoyo.

Lo que acabas de hacer fue una escucha "pasiva". Tu rol como oyente fue inerte y no respondió a las circunstancias. Entonces, ¿cómo se vería una escucha "activa" en este caso?

Bueno, para empezar—la escucha activa evalúa.

Entonces, cuando tu colega vino a discutir el problema, como un oyente activo, te habrías dado cuenta que no tenías tiempo de terminar la conversación justo ahora.

Entonces, si le hubieras dicho a tu colega que tenías una clase en diez minutos, y como este era un asunto importante que tomaría más de los diez minutos que podías usar ahora, habrías expresado eso, aunque quisieras ayudarles, no puedes en este momento.

Entonces, en buena medida, si agregaras un tiempo apropiado cuando estés libre, estarías realmente haciendo un esfuerzo concentrado. No solo les estarías diciendo que importan, verbalmente, pero estarías usando una acción para seguir ese comportamiento.

Ahora, puedes llegar a clases a tiempo, ¡y tu colega no pensará que eres un cretino! ¡Ganar-ganar!

Técnica 2: Creando Aperturas

Entonces, ¿alguna vez te has sentido claustrofóbico?

Sabes, ¿cuándo sientes que todo se te está cerrando? ¿Cuándo sencillamente había demasiada presión encima de ti, y necesitabas levantarte y alejarte?

Bueno, ese es otro efecto secundario común de la mala comunicación.

Verás, la comunicación necesita ser liberadora. Cuando tu como oyente, no estás haciendo que tu hablante se sienta seguro y protegido, tu hablante tendrá un rato más difícil explicando cuál es el problema y estará más inclinado a mentir o fingir.

Con una buena comunicación, puedes hacer que tu hablante se sienta que hay un gran puerto de atraque entre ustedes, no uno que te mantiene alejado de ellos, sino uno que les da espacio de respirar, y no sentirse como si estuvieran siendo interrogados por la Inquisición Española.

Básicamente, necesitas motivarlos a hablar, pero también necesitas permitirles tomar una decisión. Entonces, dales una apertura, pero no los agarres del cuello.

Vamos a darle un poco de contexto a las cosas, ¿sí?

Escenario Dos:

Tu novio, Clark ha tenido un día difícil. El solía ser muy exitoso con un trabajo genial, pero después de que esta nueva compañía Empresas Stark se mudó, el perdió su trabajo. Él ha estado desempleado por meses, y esta tarde al llegar a casa del trabajo, notas que la casa es un desastre y él tiene los ojos rojos.

¿Cuál de las siguientes debería ser tu respuesta?

Respuesta 1: Clark, ¿qué sucede? ¿Estás molesto por el trabajo?

Respuesta 2: Oye bebé, ¿ha sido un día difícil no es así? La mierda pasa; tendrás mejores oportunidades.

Respuesta 3: Oye bebé, la casa es una locura. ¿Por qué no te vistes y cenamos afuera, y podemos lidiar con esto luego?

Respuesta 4: Oye, ¿estás bien?

En la respuesta uno estás básicamente arrinconando a tu novio. Clark ahora siente que lo has expuesto demasiado y automáticamente entrará en un modo defensivo donde él se está sintiendo que no es suficiente porque mencionaste su trabajo perdido. Tiene que fingir lo contrario porque ya sospechaste que su comportamiento era debido a la pérdida de un trabajo.

No llegarás a nada con eso, y en ocasiones como la Respuesta dos, donde corres a su respuesta, tampoco ayuda realmente. Entonces, ¿qué deberías hacer?

La Respuesta tres ignoró la premisa entera e intentó cambiar el tema a algo más ligero, como planes para cenar. Aunque el problema con eso, es que ahora Clark siente que sus problemas no son lo suficientemente importantes para ameritar una conversación, y no se te puede molestar para hablar de ello y por eso es que ambos están mentalmente y físicamente evitando el asunto.

La respuesta ideal es la Respuesta cuatro, donde has mostrado una buena cantidad de interés y has indicado que estás abierto a una conversación si Clark desea tenerla. Pero no has sido lo suficientemente específico para señalar que algo anda mal, dándole a Clark el control de decirte o evitar el asunto.

Bastante genial, ¿eh?

Técnica 3: Espejito, Espejito

Otra técnica que querrás dominar es la técnica del Espejo o como se le conoce comúnmente, la técnica del Reflejo. Cuando tratas con un hablante angustiado, es importante reforzar lo que dice el hablante. Porque eres el oyente y quieres permitirle al hablante guiar la conversación, la mejor manera de reforzarla es reflejar en vez de agregar opiniones.

Por ejemplo, si estás lidiando con alguien que tal vez esté diciendo, "Estoy molesto" no deberías usar un refuerzo fuerte diciendo, "Sí, estás muy molesto." Esto no serviría de nada. Sin embargo, si en su lugar reflejaste lo que dijo la persona ya sea reformulando o convirtiéndolo en una pregunta ligera, como, "Vaya, ¿lo estás?" o "¿Estás molesto?" Lo que estás incitando es que el hablante continúe. Al acercarte al término clave y reflejándolo a ellos como lo haría un espejo, estás enviando la pelota de vuelta a su cancha, y ellos pueden explicar qué está pasando y por qué, sin que tengas que intentar adivinar.

El Reflejo es una técnica crucial para usar cuando estás lidiando con individuos del género opuesto—recuerda el dicho, *Las mujeres son de Venus, y los Hombres son de Marte*. ¿Sabes por qué las personas dicen eso? Es porque diferentes géneros a menudo tienen diferentes reacciones a las cosas. El método del reflejo te permite asegurar que el oyente es el que está contando la historia, así que no hay lugar para suposiciones, lo que la hace una herramienta genial de contextualización de género.

Escenario Tres:

Digamos que tú, Mark, estás lidiando con tu mejor amiga, Casey en medio de un colapso. Tú y Casey tienen cinco amigos en común y Hazel es una de ellas.

Casey: Estoy tan molesta ahora. Ese viaje fue un desastre.

Mark: ¿Estás molesta?

Casey: ¡Sí! ¡Estuve planeando estas vacaciones por años, y Hazel lo arruinó por completo!

Mark: Pensaste que sería un viaje genial.

Casey: Sí. Me esforcé mucho y lo planeé por tres meses. ¡Realmente estaba deseándolo!

Ahora, cuando empiezas a escuchar a Casey, empiezas pensando en esta diatriba entera sobre Hazel, quien supuestamente arruinó el viaje. Tu instinto sería concentrarte en Hazel, y preguntarte qué hizo Hazel, ¿cierto?

Pero este es el punto. Hazel no era la parte más importante de la conversación. Lo que ella realmente está haciendo es expresando lo molesta que está, y eso es precisamente por qué, cuando te enfocas en eso, al reflejar sus emociones, al concentrarte en lo que ella está sintiendo, en vez de por quién se estaba desahogando, le estás permitiendo centrarse a sí misma.

Recuerda que el punto de la reflexión es ayudar al hablante a concentrarse en lo que quieren decir y mantenerse en el punto, usando preguntas superficiales suaves al principio. Luego mientras la conversación se profundiza enfocarte en las circunstancias, para que puedas mostrar que entiendes el problema principal que ellos intentan explicar.

¡Ves! ¡Las mujeres no son tan diferentes después de todo!

Técnica 4: Leyendo Entre Líneas

Otra técnica que funciona muy bien, particularmente cuando se trata de niños y clientes (si trabajas en ventas o lidias con usuarios o clientes a diarios) es leer entre líneas. Esta es una gran técnica para combinar con el Reflejo, ya que ayuda a balancear el flujo de la conversación el cual es súper importante cuando estás lidiando con niños.

La clave para esta técnica es tu voz. Ya que hay que adivinar un poco aquí, además del reflejo, también estarás intentando adivinar qué sucede, es importante que tu voz sea muy suave y moldeable como si estuvieras sugiriendo un pensamiento posible, en vez de tomar una decisión dura.

Empecemos con un ejemplo.

Escenario Cuatro:

Tu hijo, Kevin viene a casa de la escuela visiblemente molesto y no está dispuesto a hablar de ello. Sospechas que Kevin ha sido víctima de bullying, y quieres empezar una discusión sobre el tema.

Padre: Kevin, oye amigo, ¿quieres decirme qué pasa?

Kevin: No pasa nada. Estoy bien.

Padre: Te ves un poco molesto. ¿Tuviste un mal día en la escuela?

Kevin: ¿Qué te importa? ¡No es como si, aunque sea supieras qué pasa en mi vida!

Padre: Si me importa Kevin, y me gustaría saber qué sucede porque estoy preocupado. ¿Alguien te dijo o te hizo algo?

Kevin: No tienes que estarlo. Nadie dijo nada nuevo.

Padre: ¿Las personas han estado diciendo cosas por un tiempo? ¿Qué han estado diciendo?

Kevin: Que soy estúpido. Reprobé todas mis clases de Colocación Avanzada.

Padre: Vaya, eso es algo muy duro de decir. ¿Quién te ha estado diciendo esto?

Kevin: Donny Sanderson y Mickey Ports.

Padre: ¿Cuándo empezó esto?

.... (La conversación continua)

La clave para leer entre las líneas es mantenerse en el punto sin importar nada. Notarás que, a lo largo de toda esta conversación, Kevin intenta distraer a su padre varias veces. Inicialmente, el intentó la negación, que no funcionó porque su padre continuó con una pregunta específica, forzando a Kevin a atender el problema. Mientras él no está dispuesto a hacerlo, luego el intenta molestarlos para que se alejen por rabia. Pero el padre se niega a dejarse llevar, tomando un minuto rápido para reforzar que ellos ciertamente, sí se preocupan profundamente por él. Ellos avanzan a lo que creen que es el centro del asunto.

Es en este punto que Kevin empieza a abrirse. Él deja una declaración abierta que el padre sigue preguntando qué ha estado sucediendo, y cuánto tiempo ha estado sucediendo. En este punto, Kevin intenta una vez más distraer al padre al decirle la causa, y luego otra cosa que él siente que el padre reaccionará—está reprobando todas sus clases de CA. El padre tiene que tener cuidado de hacer un seguimiento de lo que es esencial en ese momento para que la conversación siga fluyendo, y notarás que eso es exactamente lo que sucede, y voilá, ahora Kevin finalmente se siente lo suficientemente seguro para abrirse y hablar.

Técnica 5: Aclarar

Entonces, ¿alguna vez has sentido que estabas hablando a propósitos cruzados o que lo que alguien está diciendo, y lo que tú estás entendiendo son dos cosas diferentes? ¿Sí? Pues, aquí hay una solución rápida para eso. Aquí estás lidiando con una falta clara de comunicación y la mejor manera de arreglar ese problema como un oyente responsable es aclarar.

Ahora, entendemos que detener a alguien a mitad de una diatriba puede parecer difícil, pero es un elemento clave en asegurar que sabes exactamente lo que sucede. Además, cuando estás aclarando, también estás forzando al hablante a reconocer lo que estás diciendo, y a menudo, ¡ellos pueden escuchar sus propias absurdeces! Esto es perfecto para el difícil Día de Acción de Gracias cuando tienes al tío que apoya a Trump en una diatriba contra los inmigrantes que toman empleos en los Estados Unidos, y realmente quieres participar en un debate acalorado, pero necesitas escucharlo primero.

Ten en cuenta que es esencial dejar que una persona termine de hablar sin importar lo mucho que desees interrumpirla con una de tus opiniones, ya que permitirle que complete sus pensamientos muestra respeto hacia el hablante. Si no estás respetando al hablante, ¡el hablante no te respetará a ti!

¿Por qué no te mostramos como hacer este asunto de "aclarar"?

Escenario Cinco:

En el Día de Acción de Gracias, mientras estás sentado alrededor de la mesa, tu tío Drumpf, amante de los

Trump, está teniendo un ataque de que la gente no aprecia todas las cosas buenas que el Viejo Donny está haciendo por el país y está despotricando acerca de cómo los inmigrantes están arruinando a los Estados Unidos robando puestos de trabajo americanos.

Tío Drumpf: El público americano necesita despertar y oler el café. El Sr. Trump es el mejor presidente que hemos tenido en décadas. Él está haciendo a América genial otra vez.

Tú: ¡Oh! Ese es un punto de vista interesante—¿cómo crees que está haciendo genial a América otra vez?

Tío Drumpf: Bueno, lo está haciendo todo. Está liderando el país, y la economía está explotando. Ya no tenemos mexicanos o inmigrantes entrando.

Tú: ¿Cómo está explotando la economía, Tío?

Tío Drumpf: Tuvimos más trabajos y cosas en su primer año que en el último de Obama.

Tú: Ya veo. ¿Y qué hay de este asunto con los inmigrantes? ¿Por qué te desagradan?

Tío Drumpf: Porque no son de aquí. ¡Sin inmigrantes!

Tú: Entonces, ¿te desagradan porque no son originalmente de América, pero se han mudado aquí?

Tío Drumpf: Pues, no, no realmente. ¡Es solo que siguen robándose nuestros trabajos!

Tú: ¿Están robándose nuestros trabajos?

Tío Drumpf: ¡Sí! En la fábrica, hay cientos de blancos que no consiguen trabajo, pero siguen trayendo más "mano de obra calificada", y luego nos quitan nuestros trabajos.

Tú: ¿Crees que solo los americanos blancos son americanos?

Tío Drumpf: ¡Yo no dije eso! ¡No uses la carta de la raza!

Tú: Ok, ¿entonces qué crees que es la "mano de obra calificada"?

Tío Drumpf: Es cuando dejan entrar personas que están entrenadas para hacer ciertas cosas.

.... (La conversación continua)

Ahora, están sucediendo muchas cosas con toda la discusión. En una mano, tienes un Tío ligeramente antagonista que estás intentando mantener a raya, y en la otra, también estás intentando controlarte porque con cada oración que sale de su boca estás muriendo por lanzar una diatriba en su contra.

Este es el problema. Gritarse uno a otro hasta que tengan la cara azul no resolverá nada. Es por eso que en las cortes cuando una parte habla, la otra se queda en silencio, y mientras la otra parte habla el primer lado se queda en silencio. Es simbiótico.

¿Eso significa que deberías escuchar pasivamente y con suerte, silenciarlo para no tener que escuchar sus puntos de vista racistas? Pues no, porque eso tampoco ayuda—si no lo estás escuchando, cómo vas a entender por qué piensa como piensa. ¿Qué lo está motivando? ¿Tiene conceptos erróneos? ¿Cuáles son?

Es por esto que tú entras con las preguntas. Las preguntas de aclaración no sólo muestran que estás escuchando, sino que también sustentan una conversación para que cuando quieras volver y tratar estos temas, sepas qué decir. Esto te permite a ti y al hablante ser capaces de avanzar hacia encontrar terreno común y es genial para resolver conflictos.

Técnica 6: Silencios de Apoyo

Curiosamente, todo esto no significa que siempre que esté escuchando a alguien necesites hablar o participar activamente para demostrar que estás involucrado en la conversación. Los silencios tienen una manera de ser extremadamente atractivos, especialmente si eres cercano a la persona. Por eso te darás cuenta de que no te importa el silencio con la gente con la que te sientes cómodo, mientras que los silencios cuando estás con una nueva multitud pueden hacerte sentir incómodo o como si tuvieras que hacer algo o decir algo.

Idealmente, puedes manipular los silencios para que parezcan de apoyo y para que el hablante se dé cuenta de que quieres más información y pueda proporcionarla en consecuencia. Esto es súper importante porque mientras que la clarificación y la reflexión pueden en ocasiones sonar realmente falsas, no tienes que preocuparte por eso con el silencio ya que tu lenguaje corporal y las claves no verbales hablan por ti.

Veamos a dos ejemplos contrastantes.

Escenario Seis:

Tu amigo, Nayeem fue víctima de un atroz tiroteo en su mezquita cuando fue a orar. El perdió a su hermano menor, Abrar en el tiroteo y acaba de volver a la escuela después de una semana de luto. Ahora está viendo fijamente hacia afuera. Notando que está solo, te acercas a hablarle, y la conversación es así:

Tú: Hola amigo, escuché lo que sucedió—realmente lamento tu pérdida. Debe ser difícil. (Estás sentado tranquilamente a su lado, tu cara mostrando preocupación y angustia, pero por lo demás permaneces en silencio, esperando a ver si él quiere responder)

Nayeem: Es que no tiene sentido; el solo tenía cuatro años.

Tú: Es difícil darle sentido a semejante brutalidad.

Nayeem: Él tenía toda su vida por delante. ¿Por qué alguien le haría eso a un niño? ¿Cómo es eso justo?

Tú: No lo es.

Nayeem: Solo espero que las personas aprendan de esto. El terrorismo viene en todas las formas y colores, pero la sensación de pérdida es siempre la misma. Lo extraño tanto.

Aquí tu silencio combinado con tus reflexiones suaves ha permitido que tu amigo, Nayeem hable. Si en cambio, te hubieras sentido incómodo con el silencio, estarías tratando de hacer paralelismos, o añadir más información, y la revelación final de Nayeem cuando se dé cuenta de que, más que nada, echa de menos a su hermanito, no habría sucedido. Esto es malo porque no hubiera ayudado en nada a Nayeem. Estás alejando su momento de dolor hablando de incidentes similares o de otras personas que han pasado por cosas, mientras que todo lo que Nayeem necesitaba era llegar a un acuerdo sobre cómo se sentía y por qué se sentía de esa manera.

Siempre ten en mente que el silencio necesita ser usado de vez en cuando. Si siempre estás todo callado mientras escuchas parecerás un oyente pasivo que no está interesado.

Técnica 7: Resumen

Ahora avancemos a uno de nuestros favoritos— resumen.

¿Por qué es este un favorito?

¿Alguna vez has tenido un mal jefe? ¿Un jefe realmente malo que diría que te dijo que hicieras A, B y C cuando en verdad, solo te dijo que hicieras A, y ahora estás siendo culpado por su incompetencia? Qué hay de padres difíciles que te asignan tareas y luego vuelven y te dijeron que te faltó X, Y y Z.

La mejor manera de lidiar con estas situaciones es usar la técnica de resumen.

Entonces, esta técnica funciona al usar un proceso de tres pasos:

Primero: la información es impartida por el hablante, quien le dice al oyente lo que necesita hacerse. Segundo, la información dada es repetida por el oyente en sus propias palabras para comprobar con el hablante y asegurarse que han entendido correctamente las tareas que se han asignado. El tercer paso es un resultado. Aquí las acciones están siendo anunciadas públicamente, mientras las repitas, así que hay poco espacio para malentendidos.

Hagamos un ejemplo básico.

Escenario Siete:

Eres un profesor y has estado trabajando con un niño particularmente difícil, Paul. Paul es usualmente un buen chico, pero él odia estudiar, así que siempre hace excusas y dice que no sabía de los trabajos extras que se asignaron, o de la tarea. Su comportamiento ahora se está haciendo problemático porque se está retrasando en las clases. Una gran manera de proporcionar un control instantáneo sobre el comportamiento de Paul es usar la técnica de Resumir.

Profesor: Te has perdido los deberes de todas tus clases esta semana y tres de tus trabajos del curso también. Si realmente quieres quedarte en la misma clase con tus amigos, tendrás que enviarlos todos a finales de la próxima semana y asegurarte de que el resto de tus tareas de este año sean puntuales y tengan el grado C o superior.

Paul: Quiero quedarme con mis amigos.

Profesor: Entonces por qué no repasas lo que tienes que hacer. Tal vez te ayude a recordar.

Paul: Necesito entregar todas mis tareas faltantes y asignaciones de trabajos del curso al final de esta semana. Eso es el viernes, ¿correcto?

Profesor: Correcto, ¿algo más?

Paul: Necesito mantener un mínimo de C en todas mis otras asignaciones este año y mandarlas a tiempo.

Profesor: ¡Sí, bien hecho!

Ahora, al motivar a Paul a ser un oyente activo en vez

de uno pasivo, te has asegurado que ha repetido y repasado los problemas que mencionaste. Ahora, no solo los ha escuchado, ya no puede decir que no te escuchó o que no escuchó esa parte sobre mínimo una C que le dijiste que mantuviera. Esto no solo ayuda a aclarar un entendimiento, pero también traza un progreso más adelante.

Técnica 8: Contextualización

Una parte súper importante de cualquier conversación es el contexto. Verás, cuando un hablante está hablando ellos controlan la narrativa, y como tal, ellos deliberadamente incluyen o excluyen pedazos de la historia que son beneficiosas o perjudiciales para ellos. Ahora, esto puede suceder debido a una multitud de razones. Puede ser que el hablante simplemente no haya notado la importancia de los incidentes que decidió evitar, o que sienta que esos incidentes le restan importancia a la cuestión central.

Por esto es que escuchar es tan importante, particularmente en el mundo de los hechos alternativos. Enfocarse en lo que se dice y tomar la información ayuda a prevenir reacciones superficiales tales como generalizaciones amplias o información fotográfica. En su lugar es importante tener en mente que toda la información es siempre contextual. Lo que significa que cuando se trata de un hablante que está formando su versión de una historia, es importante utilizar preguntas basadas en el contexto para desafiar y sacar a la luz la historia completa.

Escenario Ocho:

En el escenario dado, se trata de un truther de Sandy Hook, (un individuo que no cree que la masacre de Sandy Hook fue real y en cambio cree que los actores de la crisis fueron utilizados para organizar un evento que podría tener un impacto adverso en las leyes de control de armas) influenciado por Infowars y Alex Jones. Al usar preguntas contextualizadas, usted puede forzar a su orador a identificar inconsistencias con su propia narrativa, y esto ayuda inmensamente cuando se trata de individuos que tienen puntos de vista drásticamente diferentes sobre los temas. Note las siguientes:

Truther de SH: Todo el asunto de Sandy Hook fue una estafa; nadie me quitará mis armas con esas cosas.

Tú: ¿Por qué crees que fue una estafa?

Truther de SH: Alex Jones hizo un reporte entero que explicó todo.

Tú: ¿Alex Jones es una fuente confiable?

Truther de SH: Tiene su propio programa, y el Sr. Trump lo respalda.

Tú: ¿No se les ha reclamado a ambos por usar y promocionar noticias falsas? ¿Cómo sabes que están diciendo la verdad?

Truther de SH: Si no estuviera diciendo la verdad el gobierno lo hubiera detenido.

Tú: Pues, de hecho, Alex Jones está siendo demandado por difamación, y ya ha perdido tres demandas, o sea que las cortes lo han hallado culpable de esparcir propaganda.

Cuando empiezas a poner las cosas en contexto y obligas al orador a hacerlo también, te darás cuenta de que puedes racionalizar las discusiones y tratar con los intentos deliberados de ajustar los hechos a una narración obligando al orador a reconocer la narración. Esto es súper útil al lidiar con personas conflictivos a quienes no les gusta o no quieren admitir que están equivocados.

En este ejemplo, tu primera pregunta busca sacar

información. El hablante está convencido de que el tema era una estafa, luego le obligas a explicar por qué lo creen así, y cuáles son sus fuentes, etc. Su segunda pregunta desafía sus fuentes, lo que les obliga a respaldarlas, lo que también se cuestiona en tu pregunta de seguimiento. Luego tratan de usar la lógica para defender la situación, lo cual es respondido por su punto final donde usted le muestra que las suposiciones en las que él había basado su narración eran incorrectas.

La contextualización es muy importante porque si alguien se te acerca y te dice que X, Y o Z te han insultado, en lugar de arremeter contra él, primero tienes que entender el contexto. Entender o buscar el contexto no significa que estás en contra de ellos o diciendo que están equivocados. Simplemente significa que para entender una situación necesitas tener toda la información, no solo la que ellos quieren que tengas para impulsar su lado de la historia—así es como nacen los hechos alternativos.

Técnica 9: Enjuague y Repita

Y esto nos trae a nuestra técnica final—repetición.

Es importante que tenga en cuenta que los seres humanos son esclavos del hábito, y eso significa que todos los hábitos que ha desarrollado no solo aparecen en una mañana. Ellos se desarrollaron a lo largo de años y años de conducta positiva. ¿A qué nos referimos?

¿Conoces la historia de Pavlov y su perro?

¿No?

Bueno, un psicólogo ruso llamado Ivan Pavlov inventó esta cosa llamada condicionamiento clásico. Cada día, el hacía sonar una campaña y dentro de cinco a diez segundos el colocaría un filete grande y jugoso para que lo comiera su perro. Unas semanas después, el reemplazó el filete con carne picada, y unas pocas semanas después él usó polvo de carne. Finalmente, el paró de colocar algo, y aun así la única cosa que no cambiaba era la reacción del perro. El segundo que escuchaba la campana empezaba a salivar por la anticipación. Es porque fue entrenado para pensar así.

¿Por qué es tan importante?

Porque lo mismo pasa con los humanos. Mientras oyes activamente, puedes realmente entrenarte a ti mismo para pensar en una manera específica y hacerles lo mismo a tus hablantes. Por ejemplo, si el hablante nota que usted presta suficiente atención para participar en preguntas contextualizadas, encontrará que se alejan de las generalizaciones inspiradas en la propaganda porque no quieren sentirse avergonzados como lo hicieron la primera vez.

Es una reacción aprendida. Tienes que seguir diciéndote conscientemente que lo hagas mejor, o que resuma, o que reflexiones, o incluso que uses el silencio de apoyo, y en algún momento, encontrarás que puedes hacer todo eso instintivamente porque has entrenado a tu cerebro para reaccionar de esa manera.

¿Quién dice que no puedes enseñarle trucos nuevos a un "perro viejo"?

Este es un ejemplo.

Escenario Nueve:

Has estado lidiando con cinco gerentes que tienen dificultades procesando problemas de sus equipos. Para incrementar su habilidad de escuchar problemas activamente, se les dio a los gerentes hojas de preguntas y respuestas cada vez que tuvieran que lidiar con un empleado problemático. Se proporcionó una lista de verificación que alentó a los gerentes a llegar a la raíz de los problemas haciendo una serie de preguntas. Un año después, la alta gerencia descubrió que las dificultades que se estaban procesando originalmente ya no eran un problema, y que la hoja de lista de verificación ni siquiera era necesaria porque los gerentes hacían las preguntas pertinentes ellos mismos.

La repetición continua del proceso llevó a que los principios de la escucha activa se integraran en los gerentes, un ejemplo perfecto de enjuague y repetición.

Chequéate

Aprender técnicas para ayudarte a mejorar tus habilidades de escucha es algo elogiable. Pero antes de que avancemos, realmente necesitas una mirada profunda de lo que quieres lograr. ¿Por qué estás buscando mejorar tus habilidades para escuchar? ¿Cuáles son las quejas que has recibido? ¿Cuáles son las pérdidas en cuanto a las relaciones que has sostenido?

Sé honesto; sé brutalmente honesto.

Aprender a cómo escuchar de nuevo después de años

de no escuchar no será fácil, y esto, justo aquí, es tu motivación. Es lo que te mantendrá siguiendo adelante cada vez que resbales.

Toma un minuto, o diez—pero descubre qué es lo que te importa. Recuerda siempre ver a la imagen general.

Ejercicios Para Hacer—Tus Acciones OFICIALES

Ok, entonces hemos terminado con lo pesado, pero, ¿cómo nos aseguramos de que uses todas estas técnicas?

Primero, toma un pequeño descanso mental—acabas de aprender un montón de cosas, y tú cerebro está en sobremarcha, agarra un vaso de agua (¡mantente hidratado!) y luego antes de seguir leyendo haz un resumen mental de las cosas que acabas de aprender.

¿Listo?

Genial, ahora, mientras que estos consejos son importantes para tu comprensión de la escucha activa y cómo funciona, también necesitas tener una manera fácil de ponerlos en práctica. Empecemos revisando si estás haciendo estas cinco cosas.

1. ¿Estás manteniendo contacto visual?

Sabemos que no lo hemos acentuado, pero es obvio. El contacto visual es una parte crítica de cualquier forma de comunicación. Pero es especialmente importante cuando se trata de escuchar, ya que es una de las pocas acciones reales en las que participas. El contacto visual ayuda a asegurar el equilibrio y se asegura de que su interlocutor se sienta escuchado mientras que tú también te mantienes enfocado.

2. ¿Estás manteniendo una mente abierta?

Esto es particularmente importante en el clima político de hoy. Mira, entendemos que podrías no estar de acuerdo con o incluso muchas de las conversaciones políticas que suceden, pero, ¿qué hay de las personas? No tienen que agradarte, pero, ¿tienen que importarte? Si tu respuesta es sí, *necesitas* encontrar una manera de entender de dónde vienen. No necesitas estar de acuerdo con ellos; ni siquiera necesitas verlos a la cara, pero al menos entendiendo cómo piensan, estás creando espacio para tener un dialogo. Al final, no son las peleas a golpes, sino las conversaciones las que cambian el mundo.

3. ¡No interrumpas y no seas un solucionador de problemas!

No eres un plomero, e incluso si lo eres, no eres un plomero conversacional. Tu trabajo no es ir a ver qué sucede y ordenar las cosas—es escuchar e intentar entender. Interrumpir asegura que nunca vas a entenderlo porque significa que estás escuchando para responder, no para entender. Lo mismo pasa con ofrecer soluciones. Ubícate. Escuchar no se trata de esto.

4. ¿Estás esperando antes de pedir una aclaración?

Sí, sabemos que dijimos que la clarificación es una parte crucial del proceso de escucha, pero eso no significa que deberías estar pidiendo clarificación todo el tiempo. Hay un lugar y un momento para todo. No pides una explicación en el medio de una oración. Espera; es como el tráfico. Puedes hablar cuando la luz roja se enciende, y el hablante se toma un descanso, y, aun así, exprésalo amablemente para que muestres que estás preguntando porque quieres saber, no para desafiarlos.

5. ¿Estás siguiéndole el paso a las señales no-verbales?

Fuera del reino de las líneas de conversación y correos electrónicos, mucha de la comunicación que tenemos es no-verbal. Tu tono, o tu expresión facial, o incluso la forma en la que te mantienes, todo significa algo y es crítico para la evaluación apropiada de una situación. Y aquí entra la escucha activa. Recuerda, los oyentes activos evalúan, y la mejor manera de hacerlo es identificar lo que tu hablante siente para que puedas atender ese asunto.

¿Ves, eso no fue tan difícil, cierto?

La próxima vez que estés escuchando a alguien, mantén estos cinco consejos en mente. ¿Por qué no tomas notas de cómo mejora la experiencia para ambos?

Capítulo Dos—Cómo Hacer que las Personas Quieran Escuchar

"Una gran comunicación depende de dos simples habilidades—Contexto, que sintoniza el líder a la misma frecuencia que su audiencia, y Entrega que le permite al líder expresar mensajes en un idioma que la audiencia pueda entender."—John C. Maxwell

Mientras que ser un buen oyente es un componente crítico de cualquier acto de comunicación, la cosa más importante con la que usted estará lidiando cuando trate de practicar una comunicación efectiva es hablar.

Pero aquí está la trampa. No son realmente las palabras que está usando las más importantes; sus palabras o habilidades lingüísticas son un modem. Ellos son la manera en que usted se compromete, pero en lo que realmente necesita trabajar es en su entrega. Verás, esto se trata de habilidad, y créalo o no puede ser desarrollado.

Ahora, vamos a ir a las bases de la entrega efectiva y sus pilares. Pero primero, vamos a tomar un desvío rápido para señalar a qué nos referimos por comunicación efectiva. ¿Por qué ahora?

Porque en el primer capítulo, estabas lidiando con escuchar, y escuchar, aunque es un importante componente de la comunicación, no requiere mucha actividad como el proceso de entrega. Ahora, sin más, continuemos.

Entendiendo la Comunicación Efectiva

La comunicación efectiva es generalmente un término de negocios, y es algo que se utiliza generalmente para asegurar que una forma completa y coherente de comunicación se está llevando a cabo, y de tal manera que la persona con la que se está comunicando entienda el mensaje transmitido de la manera en que el comunicador pretendía que se entendiera.

Bastante fácil, ¿cierto?

Lo que acabas de hacer es lo más complicado que la humanidad haya hecho. De hecho, solo la raza humana es capaz de comunicación total, al punto de asegurar que el mensaje que entregamos es "entregado de la manera en que el comunicador quería que se entendiera."

Generalmente, acudimos a las 7 C's de la Comunicación. *Certeza*, a través de la cual nos aseguramos que la información que estás entregando es correcta y precisa. *Claridad* se asegurar de que no estás complicando las cosas, recuerde mantenerse enfocado y mantenerse en un problema. La mejor manera de asegurar que es *Conciso*, cubra lo que necesita cubrirse sin adornos, no crees mucha anticipación solo ve al punto. Habiendo dicho eso, es igualmente importante tener cuidado de asegurar que el mensaje que se está enviando esté *Completo*. Y luego en rápida sucesión, tienes *Consideración, Concreción, y Cortesía*. Para asegurarse de que está siendo amable y considerado, cubriremos consideración más a fondo en el capítulo tres cuando hablemos de empatía. Tu concreción viene de la autenticidad de lo que estás diciendo, y, para terminar, hay una cortesía que es el esmalte en la cima que mantiene a la audiencia feliz y dispuesta a escuchar.

Pero todo esto se trata del mensaje con el que estamos tratando—cómo *entregamos* este mensaje es otro asunto completamente.

Así que, vamos directo a ello, ¿sí?

Cómo Hacer la Entrega Efectivamente

Cuando usted está entregando cualquier forma de comunicación, ya sea en persona o a través de una llamada telefónica, hay factores comunes que ayudan a asegurar que la entrega del tema sea de primera clase. Ahora, no todos estos métodos aplican a todas las formas de entrega, y eso está bien. No necesitas cubrir todos estos problemas al mismo tiempo que hablas. Trata de abordar todos los problemas que puedas de manera positiva, y descubrirás que no sólo ha mejorado drásticamente tu entrega, sino también tu confianza en ti mismo.

¿Listo?

1. Postura

Cuando estás cara a cara con quienquiera que estés hablando, tu lenguaje corporal o tu postura juega un papel importante en la forma en que perciben todo lo que dices. Una de las mejores maneras de asegurar que te ves fuerte y confiado en el escenario es crear una postura sólida. Notarás que cuando los reporteros u oradores profesionales están hablando, ellos no se balancean o se mecen. Ellos tienen una postura fuerte, casi invariable que les permite mantener una base segura. La mejor manera de hacer esto es asegurarse de que sus pies estén extendidos a la misma anchura que sus hombros, de modo que las cuatro esquinas de su cuerpo ahora creen algún tipo de equilibrio. Eso te permite verte más centrado y confiado.

Puedes replicar una postura similar incluso si estás sentado, colocando los pies sobre el piso y ejerciendo un poco de presión hacia arriba para estar sentado derecho y alto, y tener las vías respiratorias y los pulmones despejados con los que hablar.

Lo que estamos haciendo ahora es llamado pose confiada. Al tirar de nuestros hombros hacia atrás y mantener nuestros brazos y piernas relajados o en una posición fuerte, estamos expresando asertividad, diciéndole a nuestra audiencia que sabemos lo que estamos haciendo y que están en buenas manos.

Mientras una pose confiada es genial para las reuniones y presentaciones, si estás lidiando con algo más personal querrás intentar establecer una pose abierta. Esto es particularmente importante cuando estás lidiando con amigos y familia. En una pose abierta, mantén tus manos separadas y tus piernas separadas al estar parado. A menudo, las manos se mantienen hacia arriba para mostrar vulnerabilidad, y para ayudar a mostrar que estás dispuesto a una comunicación abierta.

Digamos que estás teniendo una discusión intensa con tu Tía Macy. La Tía Macy es una mujer maravillosa que hornea unos biscochos sureños con salsa para morirse, pero ella tiene un pequeño problema. La Tía Macy ama sus armas, y ella es una loca por las armas certificable.

La Tía Macy se ofende particularmente por la noción de que su derecho de la Primera Enmienda podría ser amenazado por los tiroteos en las escuelas que han estado sucediendo y dice que son todos un engaño para quitarle sus armas. Estás intentando tener una conversación con ella acerca esto, pero sus brazos y piernas están fuertemente cruzados, y ella se rehúsa a escuchar o razonar.

En el ejemplo dado, la Tía Macy está demostrando una Pose Cerrada donde está indispuesta y abiertamente hostil al tema. Esto te dice que ahora probablemente no sea el mejor momento para discutir este asunto con ella; ella no está abierta para conversar. Sin embargo, si sientes que es imperativo que suceda semejante conversación justo ahora, lo que puedes hacer es intentar distraerla, y luego volver. La idea es que en el momento que empieces a hablar sobre el tema de nuevo, ella tendrá una mentalidad más abierta, lo que serás capaz de juzgar al echarle un vistazo a su postura. Entonces, no solo la pose te permite observar una imagen específica, también te ayuda a entender lo que tu audiencia está pensando, lo que te coloca en un lugar mejor para ser capaz de juzgar qué información deberías estar impartiendo. Una locura, ¿no es así?

2. Voz

La entonación vocal es quizás el arma más poderosa de cualquier hablante. Un número de cosas diferentes puede determinar la entonación, incluyendo el registro usado para hablar. Generalmente, los estudios han demostrado que un registro más bajo es preferido ya que las personas creen que quienes hablan con un registro más bajo tienden a ser más honestas y confiables. El timbre y la afinación también son importantes aquí porque también contribuyen con el sentido de positividad de la audiencia. Los tonos más cálidos y ricos son considerados preferibles, por eso es que los políticos se entrenan para usar voces graves, cálidas al hablar.

Digamos que estás en una pequeña compañía startup

que está buscando motivar a personas locales a comprar de granjeros locales en vez de a grandes supermercados. El trabajo de tu compañía funciona como un intermediario entre los granjeros locales y los residentes locales. El objetivo principal de tu compañía es atención al cliente, ya que los granjeros locales no pueden siempre proveer suministros al mayor, o incluso necesariamente tan consistentemente como los supermercados. Cuando un producto no está disponible o por alguna razón no puede ser suministrado, es el trabajo de tu compañía asegurarse de que puedas decepcionar gentilmente al consumidor.

¿Crees que es posible decepcionar a alguien gentilmente sin molestarlos? ¿Tu tono de voz tiene algo que ver con eso?

¡Pues, los estudios dicen que sí!

Los tonos casuales que tienden a ser más ligeros o airosos han demostrado molestar a los consumidores que se les niega una solicitud, ya que no lo perciben como serios. En contraste, un tono más profundo y formal es visto como más autoritario y mejor recibido por clientes agitados.

3. Ojos

Tu segunda arma más importante cuando estás lidiando con comunicación es el contacto visual. El novelista francés, Victor Hugo, una vez sugirió que cuando una mujer está hablando deberíamos escuchar lo que ella está diciendo con nuestros ojos ya que es donde mucha de la comunicación original está tomando lugar. De hecho, esto es considerado ser una casualidad tan común que hay numerosas frases que tratan con el contacto visual o la comunicación de los ojos, incluyendo "mantén los ojos abiertos", "un alivio para la vista", o "la niña de mis ojos".

Hay cuatro factores claves que son expresados por el contacto visual. El primero es la intimidad o cercanía. Esto es por qué cuando uno se siente románticamente apegado a alguien más, ellos tienden a incrementar qué tanto se ven directamente, y esto, en cambio, es usado para entender qué tan cerca uno se siente de alguien más. Otro factor clave es el control—el contacto visual puede ser usado para evaluar qué tanto controlas una situación. Es por esto que los perros pasivos tienden a parpadear y alejar la vista más, y los agresivos, más autoritarios te verán directo a los ojos. El contacto visual puede ser usado para tomar control de y redireccionar una conversación, mientras que también puede estarnos diciendo algo importante como qué tan vital es una información o qué tan creíble es.

Aunque eso no es todo. Hay reglas específicas para el contacto visual. Por ejemplo, en una situación formal, tu contacto visual debería restringirse a los ojos de la otra parte solamente, mientras en reuniones sociales el área aceptable baja al puente de la nariz. Solo es en entornos íntimos que ver desde los ojos a los labios de alguien es considerado aceptable.

De hecho, hay diez factores principales que afectan la mirada humana y que tu audiencia estará observando subconscientemente en ti. El primero es distancia física. Cuando están muy cerca las personas tienden no a verse unas a otras y verse directamente ya que incrementa la incomodidad. Sin embargo, a distancia el contacto visual constante está bien. El contacto visual también tiende a evitarse cuando el tema de conversación es personal o privado, mientras al tratar con conversaciones acerca de opiniones, más contacto visual es común. Lo mismo pasa con las conductas que buscan atención. Los introvertidos tienden a mantener la mirada por tiempos más cortos que los extrovertidos haciendo que los rasgos de personalidad también indiquen probablemente el tipo de contacto visual que tengas. Mientras en las habilidades interpersonales, la cooperación, y atención todas parecen demandar más contacto visual como también el atractivo físico. Finalmente, los individuos con enfermedades mentales o con diferentes antecedentes étnicos tienden a tener diferentes niveles de contacto visual.

4. Manos

Lo creas o no, otra parte de tu cuerpo que tiene mucho más que decir de lo que crees son tus manos. Interesantemente, la mayoría de los hablantes ni siquiera se dan cuenta de que mueven sus manos cuando hablan. Esto es porque es prácticamente una reacción automática. Es por eso que tantas culturas incorporan gestos manuales como una forma de saludo. Por ejemplo, las palmas dobladas en la India cuando dicen "Namaste", en la mayoría de las culturas musulmanas la mano derecha es ligeramente ahuecada y llevada a la frente cuando dicen "Assalamualaikum", la mano genérica cuando decimos "Hola", e incluso el apretón de manos que usamos cuando conocemos a alguien por primera vez.

Cada gesto de las manos comunica un mensaje a la audiencia. ¿Por qué no te explicamos algunos ejemplos?

Manos Escondidas

Las manos escondidas tienen una connotación muy negativa porque el uso de las manos es considerado una forma de comunicación muy básica y común. Cuando un hablante conscientemente decide eliminar sus manos de la vista, esto se considera sospechoso. Dan la impresión de estar inseguros y como si tuvieran algo que ocultar.

Las Palmas Arriba

Lo contrario es cierto cuando se trata de palmas volcadas que tradicionalmente significan que el hablante es abierto y honesto, hasta el punto de que está dispuesto a mostrar vulnerabilidad. Esto, sin embargo, no es lo mismo cuando tienes las palmas hacia abajo. Las palmas hacia abajo son una referencia al poder.

Aquí el hablante está mostrando que son autoritarios y dominantes; no hay espacio para el debate, y se ha tomado una decisión. Cuando el hablante tiende a tener sus palmas abajo también dan la impresión de ser agresivos, y como tal, esta postura no debe ser mantenida por períodos extendidos al lidiar con una multitud.

Punteros Hacia Afuera

¿Alguna vez has peleado con tu pareja y te han señalado

con su dedo, literalmente? ¿Recuerdas cuánto te molesto? Bueno, ¿quieres saber por qué? Señalar con los dedos es un gesto súper agresivo que es considerado culturalmente inapropiado en una multitud de países incluyendo Filipinas y Bangladesh. Varios estudios incluyendo el de Pease (2004) discuten el impacto que el comportamiento intimidante tiene en una multitud que lucha contra él.

Cerrar Las Manos

Las manos cerradas o manos que se sostienen juntas tienden a reflejar una especie de conflicto interno. La idea es que las manos cerradas están evitándole al hablante una especie de estallido negativo. Los estudios sobre el tema han mostrado que mientras más intensa es la tensión negativa, más alto se tienden a colocar las manos cerradas. Los hablantes masculinos tienden a usar el cierre de manos para cubrir su entrepierna al sentarse, ya que esto ayuda a dar una forma de protección mental a lo que ellos consideran ser su parte corporal más valiosa y vulnerable.

Tocar Las Puntas de los Dedos

Aunque tocar las puntas de los dedos es bastante similar a cerrar las manos, tiene un significado casi opuesto. Los políticos a menudo son vistos tocándose las puntas de los dedos. Esto es porque el acto transmite confianza y enfoque. Barack Obama, el cuadragésimo cuarto Presidente de los Estados Unidos era comúnmente visto tocándose la punta de los dedos, particularmente durante las Entrevistas.

Detrás de la Espalda

Estar parado con las manos detrás de la espalda es otro gesto común usado para transmitir coraje, la exposición del pecho como una parte vulnerable del cuerpo demuestra confianza, particularmente cuando las manos están cerradas detrás de la espalda. Sin embargo, si las manos no están cerradas sino agarrando el codo o la muñeca esto ahora demuestra nerviosismo o inseguridad.

Las Manos a la Cara

Las manos a la cara por otro lado, muestran ansiedad. Los hablantes estresados tienden a tocarse la cara continuamente o cabello y tienden a intentar acunar su rostro o cabeza como lo harían con un bebé. Este es definitivamente la clase de comportamiento que quieres evitar si estás lidiando con una audiencia.

Los doctores y enfermeras, en particular parecen evitar este tipo de comportamiento con toda seriedad ya que no pueden permitirle al paciente sentir algo aparte de confianza.

El Toque de Cuello

El toque de cuello es una extensión de la tendencia de las manos en la cara, aunque esto proyecta más ansiedad que el anterior.

5. Ambiente

Tu entorno mientras hablas también es un elemento importante de cualquier clase de comunicación. Dar un discurso en una estación de tren donde tu discurso es ahogado por el sonido de los trenes yendo y viniendo difícilmente ayudará a tu discurso a tener más impacto. Alternativamente, si das un discurso en un podio con una acústica genial y sin sonido de fondo, el impacto de tu entrega es más probable que sea mejor recibido.

6. Rostro

El Rostro es considerado como la manera más fácil de evaluar no solo lo que quiere decir una persona con lo que dicen, pero más importante, lo que quieren decir en términos de cómo se sienten. Esto es particularmente importante ya que el rostro humano es conocido por reflejar las seis emociones universales—felicidad, dolor, sorpresa, miedo, asco e ira.

Empecemos concentrándonos en sonreír. Los rostros sonrientes tienden a denotar felicidad y alegría. La mente humana incluso puede distinguir entre una sonrisa falsa y una real. Hay unas pocas diferencias físicas ligeras. Con una sonrisa real, las esquinas de la boca giran hacia arriba, encogiendo los ojos en una reacción automática. Esto es diferente de una sonrisa falsa o la "sonrisa social" que es tensa y controlada por el individuo.

Casi todos los seres humanos lidian con cosas llamadas micro-expresiones. Las microexpresiones son como los pequeños detalles en un libro. Cuando se leen juntas pueden llevar a la persona en cuestión siendo influenciada para actuar de cierta forma. Por ejemplo, hay cuatro microexpresiones de los labios aparte de una sonrisa sencilla:

1. *La Sonrisa al Revés*—El ceño fruncido es la expresión facial más común que encontrará y es indicativa de algún tipo de reacción negativa a un estímulo específico, que es mostrar alguna forma de estrés o, alternativamente, decir no a una cosa específica.

2. *El Pliegue de los Labios*—El pliegue de los labios o el

bolso también es una expresión facial común. Está en particular lidia con sentimientos contradictorios. Por ejemplo, si le estás diciendo a unas personas que la única manera de llegar a New York desde Washington DC es en tren, y yo sé que también puedes tomar un vuelo o montarte en un Greyhound. Incluso si no te corrijo abiertamente, el hecho de que sé que estás impartiendo un conocimiento defectuoso me hará cruzarme silenciosamente de brazos en desaprobación. El pliegue de labios es por lo tanto generalmente usado para indicar alguna especie de emoción negativa tal como dolor, tristeza, desconfianza, aunque parece ser un miembro bastante regular del mundo del modelaje hoy en día también.

3. *La Mueca*—A diferencia del pliegue de labios, rizar hacia arriba el labio superior no tiene significados alternativos. Esto indica alguna versión de desprecio, que como voltear los ojos es casi universal en su falta de respeto y asco. La mueca es la más común cuando y donde una falta total de respeto ha tomado lugar entre dos grupos y puede ser un claro indicador de que las parejas no la han estado pasando bien y que son susceptibles a terminar.

4. *La Lengua que se Asoma*—Cuando alguien está extremadamente ocupado o concentrándose en algo, también es probable que hagan demostraciones cortas

de la lengua. Lo mismo también se hace para mostrar asco o jovialidad, pero con diferentes construcciones faciales.

Pero los labios de uno forman una parte específica de sus reacciones faciales. Las reacciones alternativas incluyen fruncir la frente que puede indicar preocupación debido a una preocupación extrema o ira. El enojo se puede ver en el ensanchamiento de las fosas nasales, y las narices también se arrugan en asco o repulsión en muchas culturas similares al surco de las cejas. Y finalmente, hay rubor que es cuando el torrente de sangre en la cara hace que la cara se ponga roja, ya sea por el shock o la vergüenza, o por cualquier otra forma de estrés.

7. Ritmo

Qué tan rápido estás hablando también puede ayudar a controlar tu entrega, con la velocidad siendo indicativo de emoción o estrés. Cuando decides relantizar tu entrega, estás forzando a la audiencia a bajar la velocidad también y a absorber completamente la información siendo suministrada de manera más lenta.

8. Prosodia

La prosodia también puede ser una técnica de entrega muy beneficiosa. Se refiere a la calidad de canto de algunos discursos que se atribuye a menudo al usar palabras repetitivas para crear un flujo o un ritmo. En el famoso discurso de Martin Luther King Jr., el usó la frase "Yo tengo un sueño" de forma continua para crear una especie de simetría que le daba al sueño más fuerza—"Yo tengo un sueño de que un día esta nación se levantará y vivirá el verdadero significado de su credo: *"Sostenemos estas verdades para que sean obvias; que todos los hombres son creados iguales.*

Tengo un sueño de que un día en las rojas colinas de Georgia los hijos de antiguos esclavos y los hijos de antiguos dueños de esclavos podrán sentarse juntos en la mesa de la hermandad.

Tengo un sueño de que un día incluso el estado de Mississippi, un estado sofocado por el calor de la injusticia, sofocado por el calor de la opresión, será transformado en un oasis de libertad y justicia.

Tengo un sueño que mis cuatro hijos pequeños un día vivirán en una nación donde ellos no serán juzgados por el color de su piel, sino por el contenido de su carácter.

Hoy tengo un sueño."

El ritmo natural que es desarrollado no solo hace al discurso sonar mejor, sino también lo hace más pegajoso y mantiene la atención.

9. Silencio

El silencio también puede jugar un papel importante en la entrega. Cuando se usa apropiadamente, ser capaz de usar el silencio para crear drama o forzar a la audiencia a pensar resultados para involucrarse y mientras más involucrada esté una persona, ¡más efectiva será la entrega del mensaje!

¡También puede, sin embargo, ser un poco arriesgado particularmente cuando intentas la comunicación con varios géneros!

Esto es generalmente porque los hombres, a diferencia de las mujeres, tienden a procesar la información de forma silenciosa en sus cabezas, mientras las mujeres tienden a inclinarse a *"hablar las cosas."* Lo que empeora esto es que, para las mujeres, el silencio es más un indicador de dolor o ira por lo que cuando lo ven en un hombre, tienden a irse a la defensiva.

Por ejemplo, imagina que eres una mujer, y tú y tu novio están teniendo una pelea sobre qué tan seguido el hace sus deberes.

Tú: ¡Nunca haces nada, ni siquiera la cama!

Él: Cuál es el punto; ¡de todas formas tú te metes a la cama de nuevo!

Tú: Esa es una lógica ridícula. ¡Simplemente quieres evitar trabajar!

Él: Bueno, no veo que hay de malo en eso, para ser honesto.

Tú: Está mal porque mientras más deberes evitas, más tienes que hacer.

Él: Hmm. (Silencio)

Tú: ¿Qué significa eso?

Notarás que aquí el silencio del novio se percibe como una manera agresiva como si indicara fastidio o molestia. Esto es lo que hubiera significado si la novia estuviera callada. Entonces, mientras el silencio puede ser una herramienta poderosa para las audiencias, también puede ser una herramienta efectiva, aunque conflictiva para otras ocasiones, por lo que es importante aclarar silencios, cuando sea apropiado.

10. Volumen

Qué tan alto decides hablar también es un asunto importante, y también puede ayudar con la atención de la audiencia—las proyecciones vocales más ruidosas pueden ser autoritarias y atrapar tu atención, pero usando una voz realmente baja puede resultar en niveles de concentración más altos.

11. Movimiento

El movimiento en sí en el escenario puede ayudar también a energizar una multitud e impulsar tu entrega. Recuerda, cuando estás entregando noticias eres efectivamente un intérprete. Toda cuenta, empezando por tu voz hasta tu selección de palabras, e incluso la manera en la que te mueves.

Pilares de la Comunicación Efectiva

Ahora bien, mientras que los temas mencionados anteriormente se refieren a los aspectos externos de cómo se percibirá tu discurso a medida que lo pronuncies, también hay aspectos internos que uno debe tener en cuenta. Estos aspectos ayudan a formar la integridad de un discurso y asegurar que, en la entrega, la comunicación no es solo considerada palpable, sino que es bienvenida por las masas.

Honestidad

La honestidad se trata de ser verdadero en lo que dices, ser claro y directo sin adornar un problema. Esto es importante porque si estás ocupado intentando salvar a alguien de la verdad, vas a pasar un mal rato comunicándoles lo que realmente sucede.

Toma por ejemplo una relación de jefe-empleado. Tu empleado ha estado haciendo un trabajo bastante pobre, y te han dicho de un nivel superior que tienen que mejorar o que serán despedidos. Porque has tenido un mal rato comunicándolo efectivamente y porque la completa honestidad es algo con lo que tienes dificultades siempre buscaste explicarlo o instruirlo. Ahora, porque su trabajo ha sufrido continuamente, tu empleado está siendo despedido.

¿Viste cómo tu falta de honestidad actuó en contra de todo el problema y cómo incluso con las mejores intenciones la comunicación absoluta verdadera es imposible en ausencia de la honestidad? Recuerda, puedes practicar empatía y compasión cuando hablas, eso es una cualidad loable y una que tocaremos en el próximo capítulo. Pero necesitas ser honesto y claro por el bien de la persona con la que hablas y por ti mismo.

Autenticidad

La autenticidad es otro factor importante en la comunicación efectiva. Puede verse similar a la honestidad, pero es bastante diferente. No solo la autenticidad requiere honestidad, también requiere un sentido de ser real con uno mismo. Esto es extremadamente importante para las relaciones románticas y amistades donde no estar con tu propia verdad llevará a uno a estar atado a un escenario continuo de *Groundhog Day*, donde te encontrarás a ti mismo teniendo continuamente que fingir que estás bien con algo con lo que realmente no estás bien.

Piensa en esto así. Realmente te gusta este chico, y resulta que él es un fanático enorme de la ópera. Para conocerse mejor, tu miente y le dices que también te encanta la opera. Han estado saliendo por más de cinco años, ya que te has enterado de que tienen muchas cosas en común. Sin embargo, nunca fuiste capaz de que te gustara la opera ya que el tono alto y el registro te dan ataques de migraña. Él no sabe esto, y cada vez que quiere hacer algo especial el compra boletos para la opera, lo que tú tienes que intentar evitar o soportar. Esto lleva a que el piense que no aprecias sus gestos.

¿Ves lo poderosa que puede ser la autenticidad? Si no eres fiel a ti mismo, y permites que eso forme una especie de base comunicativa estás avanzando con una base fracturada, la cual en cualquier punto de tu vida podría fracturarse y llevar a la desconfianza y el resentimiento. ¡Lo que realmente no será algo bueno!

Integridad

La integridad es lo opuesto de ser hipócrita. Cuando te conviertes en alguien, que su palabra tiene peso y valores, también le estás mostrando al mundo y más importante, a las personas con las que te comunicas, de que eres digno de su confianza. En el clima político de hoy, no es sorprendente que las organizaciones y empleados, específicamente, estén teniendo dificultades confiando en su administración y sus líderes. El ambiente en el que existimos actualmente está dañado con toda clase equivocada de liderazgo. Actualmente, a la comunicación la falta transparencia y autenticidad. Esto es porque el objetivo de esta comunicación ya no es realmente comunicar verdades sino usar, y si es necesario abusar de trabajadores, votantes, amigos, y familia con toda la intención de mejorar la posición de uno.

Ya que es un camino bastante difícil, ¿por qué no te ayudamos un poco y te damos unos consejos rápidos que te ayudarán a asegurarte que estás actuando con integridad?

1. Cuenta Tu Propia Historia

Entonces, cuando estás ahí afuera tratando de ser honesto y verdadero contigo mismo, es fácil cometer errores a veces y querer tomar la salida fácil. Una cosa que te ayudará a mantenerte en la línea es si eres abierto con tu propia historia. Habla con personas sobre ti mismo y tu visión, ya sea para una compañía o tu propia vida—¿por qué? Porque tu visión nunca va a incluir hacer cosas malas y salirte con la tuya. De hecho, ayudará a reforzar tu integridad para construir quién aspiras ser.

2. Mantente Abierto al Cambio

Ahora, esto es realmente importante porque estancarte en lo que creías que era lo correcto es una manera fácil de quedarse atrás. Las verdades pueden no cambiar, pero los derechos y valores sí. Tienes que tener esto en mente si vas a crecer y desarrollarte como individuo.

3. Habla Sobre lo Bueno

Lo siguiente, es el refuerzo. Recuerdas cuando hablábamos del perro de Pavlov antes en el libro, y el rol tan fuerte que jugó el refuerzo. Lo mismo aplica para ti. Si te mantienes hablando abiertamente sobre las cosas buenas que has hecho, ¡realmente puedes ahuyentar todo lo malo!

4. Sé Real

Y luego está el ser real. En cualquier situación, tu autenticidad y honestidad juegan un papel importante en establecer confianza y convicción, ambos son importantes para alguien que está buscando ser la mejor versión de sí mismos. Eso es lo que estás haciendo porque la integridad va más allá de la lógica fría y calmada. Trata con las cosas importantes como la ética y la justicia, y ellas tienen que ser parte de quien eres.

Amor

Y finalmente, estamos de vuelta en lidiar con amor o

compasión Hablamos un poco sobre qué tan importante pueden ser el amor y la empatía cuando se trata de la comunicación constante. Cuando amamos a alguien, intentamos asegurar que reciben lo que es mejor para ellos. El amor es una herramienta poderosa. No solo nos ayuda a entender mejor las situaciones que nos rodean, también a nosotros mismos ser mejores. Si amas o te importa alguien, encontrarás que es menos probable que juzgues o seas chismoso sobre ellos que son dos de las principales cosas que no debes hacer en términos de comunicación.

Piensa en esto así. Si ves a tu mejor amigo en un ataque de gritos, ¿pasarías a su lado diciendo, "vaya reina del drama," o es más probable que le digas a otras personas que se alejen mientras intentas averiguar qué está pasando, y por qué está actuando así?

Nuestro voto está en la última. Verás, el amor nos da la habilidad de empatizar instantáneamente y eso es súper importante cuando estás intentando explicar algo a alguien o cuando estás tratando de entregar cualquier pieza de información. Había un cirujano americano hace algunos años que se hizo viral por hablar sobre víctimas de choques por intoxicación. Él explicaba cómo antes de que él diera las malas noticias a los padres él se tomaba el tiempo de revisar el

Facebook de la víctima u otras páginas de redes sociales para poder verlos con más amor y compasión cuando él explicara lo que pasó a sus padres. Esto les ayudaba a procesar el dolor.

Esta compasión es un elemento del amor, que permite a las personas invertir en su entrega, ¡que es algo que todos deberíamos estar haciendo!

La Kriptonita de la Entrega: Que NO Hacer

Si estás hablando y las personas no te están escuchando, entonces hay algo muy mal con la manera en la que estás hablando. ¿Por qué decimos eso? Bueno para empezar, la voz humana es una herramienta poderosa, que en conjunto con señales no verbales puede ser usada para significar cualquier número de cosas.

La voz humana puede empezar guerras. La voz humana puede terminarlas. Podemos aplastar los sueños de una persona o construirlos. ¿Realmente hay algo más poderoso que la voz humana cuando se usa apropiadamente?

Esto automáticamente nos dice una cosa—si estás teniendo dificultades para mantener la atención de una audiencia mientras entregas información, mientras te comunicas con ellos, estás haciendo algo mal. ¿Pero qué?

Hay probablemente un millón y una cosa que has estado haciendo, y es difícil identificar cuál es esa cosa que está alienando a la audiencia. Pero no es difícil pasar por una lista para explorar los factores comunes que son conocidos por causar quiebres en la comunicación y luego descubrir qué es lo que has estado haciendo mal—¿cierto?

Entonces, hagamos eso.

¿Sientes que estás dispuesto?

¿O has recibido demasiada información? Está bien si no lo estás. Toma una siesta o juega una partida o dos de Candy Crush—aún estaremos aquí cuando vuelvas. Pero cuando estés listo, asegúrate de volver con una mente fresca, listo para recibir y analizar la información que se está dando.

¿Listo para partir ahora?

¡Genial!

¡Aquí vamos!

1. Chisme

Cuando estás lidiando con alguien que cuenta chismes, ¿cuánto inviertes en lo que dice? Piensa en ello. ¿Confías en sus palabras de al pie de la letra? ¿Sus palabras y acciones te dejan con sospechas, y no estás seguro cuánto de su opinión o declaración deberías creer, y no sabes cuánto inventaron? Y lo que es peor es que tampoco puedes saber cuánto puedes confiar en ellos porque una persona que dice chismes de otras, también dirá chismes sobre ti apenas tengan la oportunidad.

Los chismes arruinan la tela inherente de la confianza porque incluso si alguien está hablando sobre algo cierto de una manera "chismosa", automáticamente quieres limitar tus propias comunicaciones con esa persona porque estás asustado de que seas el próximo objetivo. En vez de eso, si tienes una preocupación de alguna clase y quieres representarlo, hazlo sin presentar juicios a la persona preocupada. El juicio es el problema principal aquí, y los estudios psicológicos demuestran que más del 60 por ciento de las conversaciones entre adultos son sobre chismes, y si más del 60% del tiempo se te ve juzgando, ¿cómo se refleja eso en ti?

Juicio

El siguiente "no" principal es ser criticón. Aunque el problema aquí es que todos somos criticones. Sí, incluso tú. Piensa en ello. Cada día cuando sales de tu casa para trotar, o ir a la tienda, o ir al trabajo, podrías ver a tu alrededor cientos, sino miles de personas, y mientras las ves incluso por el momento más breve, las juzgas.

Ahora el juicio puede ser activado por un número de cosas, empezando por la raza de uno, el atuendo de uno, qué clase de corte de cabello tienen, o qué clase de anteojos están usando. En una milésima de segundo, capturamos un montón de información y luego se coloca en lugares predeterminados. Si uno no está bien vestido son o un drogadicto o un indigente si uno está bien vestido, son unos creídos, o si uno es asiático, son buenos para las matemáticas. Estas constantes generalizaciones amplias parecen inofensivas cuando empiezas a hacerlas en tu cabeza, pero son paralizantes.

Un gran método que muchos psicólogos recomiendan es el método NEAA.

Primero, *N*o juzgues. Si te ves juzgando, detente y regáñate, inmediatamente. Y aunque no siempre es fácil ser capaz de identificar todas las veces que hemos sido criticones, es importante que intentemos observar y prevenir que suceda. Cuando te atrapas a ti mismo juzgando a alguien, reemplaza el juicio con Entendimiento. Trata de empatizar con ellos y entender de dónde vienen. Si alguien es indigente, no los etiquetes inmediatamente como buenos para nada. Intenta imaginar la clase de dificultades que deben estar enfrentando y si es posible dales conversación. Las conversaciones nos ayudan a superar muchas de las predisposiciones con las que nos criaron, particularmente cuando se trata del discurso racial. Una vez que hayas intentado lo mejor que puedas de entenderlos y lo que están haciendo, avanza hacia la Aceptación. Al aceptar una persona por quienes son en vez de intentar cambiarlos constantemente para encajar con tu definición de aceptable o normal, estás abriéndote al concepto de la diversidad. Una vez que hagas eso, encontrarás que es mucho más fácil no ser criticón para empezar. Aunque, para terminar, necesitas Amor. Esta no es la clase de amor romántico de la que siempre hablamos. Aquí, amor significa empatía incondicional, donde sientes por una persona, y te preocupas por ellas a pesar de sus diferencias. ¿Crees que puedes intentarlo?

Recuerda, está bien tomárselo con calma. El hecho de que lo estés intentando es lo más importante de todo.

Negatividad.

La Negatividad es como miseria viral. No solo crea más negatividad, también perjudica el progreso de cualquier emoción positiva dentro de ese ámbito. Entonces, ¿por qué somos siempre tan negativos? ¿Por qué no podemos ser súper positivos como Phoebe Buffay? Pues, porque nuestra biología no lo permite. Verás, nuestros cerebros están programados para pensar cosas en términos de negatividad. Esto es porque perciben la negatividad como una amenaza e intentan esforzarse más para defenderse de ella.

Una lástima, ¿no es así?

Honestamente, más de lo que crees, la negatividad se traduce muy mal en la comunicación verbal. Entonces, si estás intentando que alguien haga algo, contándoles sobre todas las cosas malas que pasarán si no lo hacen es mucho menos efectivo que decirles todas las cosas buenas que pasarán si lo hacen.

Entonces, ¿cómo nos alejamos de la negatividad y abrimos espacio para la positividad?

Pues, una forma es trabajar en el vocabulario que usamos.

Empecemos con un ejemplo rápido. Estás a cargo de

monitorear nuevos empleados, y uno de ellos constantemente arruina su trabajo. En vez de concentrarte en los errores que están cometiendo y regañándolos diciéndoles, "Este es el peor reporte que he visto en mi vida, ¡en qué diablos estabas pensando! ¿Si quiera fuiste a la escuela?"

Intenta decir eso de forma positiva, como, "Oye Brad, quiero discutir algo contigo. ¿Tienes un minuto? Estaba revisando el reporte que me enviaste, y temo que no alcanza del todo los estándares de la compañía. Haré que Karen te envíe un borrador de muestra y apreciaría si puedes volver a hacer el reporte y me lo entregaras para el viernes."

La razón por la que esta es una mejor opción es porque no solo te estás compadeciendo con Brad, también lo estás ayudando a entender por qué su compañía no está alcanzando los estándares al mostrarle un borrador de muestra. También le estás suministrando una fecha de entrega la cual es importante porque le muestra que, aunque lo estás haciendo como una pregunta, hablas en serio, y que aún estás a cargo.

Superar la negatividad no es tan difícil como las personas lo dicen. Todo lo que tienes que hacer es estar abierto a reconocer que es un problema y que necesitas empezar a hacer algo acerca de ello. Puedes hacer eso,

¿cierto?

Quejarse

Otro problema común con el que te encontrarás cuando empieces a enfrentar la negatividad en la comunicación es la tendencia a quejarse. Si cuando estás hablando, constantemente sacas problemas que has identificado y cuando eso en sí no es problemático, cómo lo expresas sí lo es.

Recuerdas cómo dijimos que tu cerebro está programado para ir por lo negativo. Pues, una de las razones es porque te quejas—mucho. Cuando tu mente intenta encontrar una solución, y se lo suministras al quejarte, lo que estás haciendo es enseñarle a tu cerebro es que la manera de resolver un problema es quejarte. La próxima vez que tu cerebro sienta un problema va a activar el piloto automático y—sí, lo tienes, quejarse.

¿Y sabes qué es peor? Estudios de la Universidad de Stanford[1] han demostrado que quejarse causa que tu

---

[1]   http://www.talentsmart.com/articles/How-Complaining-Rewires-Your-Brain-for-Negativity-2147446676-p-1.html

cerebro, o más específicamente tu hipocampo, se encoja. ¡Lo que es realmente malo porque el hipocampo es la parte de tu cerebro que resuelve problemas!

Excusas

El siguiente problema principal que interrumpe tu habilidad de realmente cumplir cuando se trata de cualquier clase de comunicación son las excusas. Ahora, hay una diferencia marcada entre explicaciones y excusas. Una excusa es como una explicación que salió mal. Por un lado, tienes un problema con una solución, y en la otra, ni siquiera tienes una explicación o entendimiento de por qué pasó.

Cuando se trata de ser un líder o un jefe, las excusas pueden ser extremadamente perjudiciales tanto para la credibilidad de un país como también para la moral de las otras personas que te rodean. Entonces, ¿cómo evitas hacer excusas? Para empezar, esa no es la única pregunta que necesitas estar haciendo—necesitas preguntar cómo vas a dejar de hacer excusas y cómo vas a evitar que tus empleados y otros hagan excusas.

En cuanto a ti, necesitas parar cada vez que haces una excusa e intentas evaluar qué está causando que reacciones de esta manera. ¿Cuáles son los hechos, de qué tienes miedo, y por qué le temes?

Una vez que hayas logrado pasar por todo eso, encontrarás que a menudo hay razones muy válidas de por qué algo ha pasado. Si no hubiera una razón válida, entonces probablemente estás lidiando con alguna especie deficiencia en ti. ¿Estabas procrastinando? ¿Fuiste ineficiente? ¿Cuál era el problema? Reduce el problema y luego sigue adelante. Una vez que hayas identificado el problema, necesitas encontrar una manera de resolverlo. Si estuviste procrastinando, necesitas encontrar alguna manera de evitarlo. Intenta usar una rutina establecida, o que alguien te haga responsable. El punto principal es estar proactivamente involucrado en la corrección del problema.

Una vez que hayas logrado hacer eso, ¡estás listo! Pero espera, aún no has resuelto el problema para tu audiencia. ¿Cómo evitas que ellos hagan excusas? Una técnica que generalmente funciona bien con niños y empleados es darles espacio para cometer errores y ayudarles a entender que no hay nada malo con los errores. Ellos entonces tendrán la tendencia a ser más comunicativos y elegirán expresar problemas activamente en vez de esconderlos o hacer excusas.

Primero, necesitas arreglar tu propia tendencia a hacer excusas y luego seguir eso mostrándole a las personas que estás hablando a que lo mismo aplica para ellos.

Dogmatismo

¿Sabes cómo dicen que hablar con algunas personas puede ser igual a hablar con una pared de ladrillos? Sí, esas personas—todo el mundo conoce uno de ellos, y francamente, si no lo conoces, probablemente tú seas esa persona. (¡Lo siento!)

Ahora, la definición principal de dogmatismo es simple-es una tendencia de establecer reglas de nociones que son percibidas y promovidas como hechos innegables tomando poco en cuanta o en absoluto las consideraciones u opiniones de otros.

Simplemente, es la idea de que siempre tienes la razón, hasta el punto donde no puedes escuchar a más nadie.

El dogmatismo es obviamente un problema. Pero no creo que ninguno de nosotros realmente se da cuenta de qué tan grande es este problema hasta que toda la familia está en casa para cenar, y tienes ese tío que está tratando de atragantar a todos con sus opiniones dogmáticas. Sí, lo tienes—la política y la religión y todos esos debates teológicos en los que todos tienen opiniones personales de repente se vuelven el foco central.

Ahora por años, has estado intentando lidiar con estos problemas con una combinación de distracción y habilidades ninja súper rápidas para ayudar a preservar tu salud mental, pero ahora que eres mayor y más sabio, probablemente quieras tener una solución más concreta. No puedes seguir jugando más a la papa caliente con tu hermana para distraer a las personas.

Entonces, ¿cuál es la solución?

Bueno, hay múltiples cosas diferentes que puedes hacer para ayudar con este problema, pero intentemos primero eliminar el dogmatismo que tienes. Después de todo, tú eres el comunicador aquí, y tus acciones se reflejarán en tu audiencia.

Primero, intenta concentrarte en las semejanzas. No importa cuán diferente sea el proceso de pensamiento de una persona, a menos que estés tratando con Ed Gein y su proclividad a los trajes de piel, lo más probable es que seas capaz de encontrar algo en común. Esto es en lo que necesitas concentrarte.

Ahora, digamos que perteneces a una familia católica, y traes a tu novia musulmana a cenar. Tu papá empieza a predicar acerca de los principios básicos del cristianismo y cómo es la única y verdadera religión. ¿Cómo lidias con esto?

Por qué no intentar algo básico, como decir, "De hecho Papá, ¿sabías que el islam es también una religión abrahámica, y también consideran a Cristo como un profeta?"

Al resaltar una semejanza entre los dos grupos supuestamente opuestos, estás forzando a tu Papá a darse cuenta de que hay terreno en común. Tu trabajo es construir entonces sobre eso y seguir hablando sobre cómo las dos religiones también tienen otras cosas en común.

Es genial como sabías hacer eso, ¿cierto? ¿Pero cómo aseguras que siempre sepas cómo hacerlo? Bueno, no siempre lo sabrás, pero puedes aumentar las probabilidades por mucho al expandir el círculo de personas con las que interactúas y exponiéndote a diferentes perspectivas. Pero lo más importante es hacer todo eso con respeto. Recuerda, las personas dogmáticas casi siempre son súper temperamentales y arrogantes. Si te concentras en ganar y restregárselos en la cara en vez de ser respetuoso de sus pensamientos mientras los guías a otro, harás más daño que bien. Así que siempre recuerda ser gentil e incluso amable con tus palabras. Después de todo, tus palabras tienen un impacto.

Exageración

¿Sabes qué más necesitas evitar?

Adornos. Quiero decir, entendemos que puede ser bastante tentador agregar un poco de picante a una historia para hacerla un poco más aterradora o un poco más graciosa. Pero esta tendencia a exagerar podría arraigarse en tu mente y causar que exageres cada problemita hasta el punto donde actúas como si el mundo estuviera terminando.

Yo sé lo que estás pensando. No es como si tuvieras alguna mala intención. Solo estás bromeando o insistiendo en un punto—¿cierto? Bueno, sea como sea, cada vez que lo haces creas un estrés innecesario en tu mente y alma, y eso a cambio empieza a arraigarse en tu consciencia. ¡Esto significa que en algún punto empiezas a creerlo!

¿Cómo evitas cruzar esa línea?

Para empezar, intenta evitar las siguientes tres cosas:

1. Sobregeneralizar

2. Perdicionar

3. Conclusiones Precipitadas

Con el primero, la lógica es simple; mientras más generalices, más concentras la negatividad. Si algo malo te pasa y luego sigues diciéndote que las cosas malas "siempre" te pasan a ti, luego empezarás a creértelo. Esta especie de pensamiento distorsionado es clave para los pensamientos negativos, y estamos intentando evitar esos, ¿recuerdas?

Ahora, al número dos, "Perdicionar" es cuando pintas cada pequeño problema como si fuera el fin del mundo, como decirte a ti mismo que nunca volverás a ser feliz después de una mala separación. Mira, las cosas malas pasan, y nadie está diciendo que no sea malo, pero necesitas ser capaz de identificar lo que es una inducción a la perdición y qué son dos botellas de whisky y un mal llanto.

Finalmente, tienes todo el problema de las condiciones precipitadas. Generalmente, esto es un resultado de sobregeneralizar y el pensamiento dogmático. Porque no estás seguro de si tienes razón, y ya has exagerado tus hechos para encajar en tu narrativa, ahora también estás sacando conclusiones que encajan con esa narrativa y tu inminente sentido de catástrofe. Es como un círculo vicioso. Todos estos malos hábitos se alimentan unos a otros, ¡y tú dejas que pase!

Mentir

Finalmente, estás lidiando con las mentiras, y confía en mí cuando te digo que esto es lo peor que puedes hacer en cualquier forma de comunicación. Ahora, no estamos hablando sobre mentiras, como "¡Bebé, claro que no has ganado peso!" Estamos hablando de las cosas feas, que pueden parecer insignificantes en el momento, pero son extremadamente dañinas a largo plazo—como "No, no me dolió lo que dijiste." "Sí, estoy feliz de irme, y no me importa dejar mi trabajo para seguirte."—Sabes, lo pesado.

Mentir es particularmente peligroso porque si resulta que estás lidiando con personas que también mienten, no serás capaz de descubrir cuando estás lidiando con la verdad y cuando no-lo que es problemático. Aunque es mucho peor cuando tú eres el que está mintiendo. Si tu compañía es atrapada mintiendo, te estás efectivamente preparando para el fracaso. Piensa en Komen for the Cure que era una compañía que afirmaba que su misión era salvar vidas y acabar con el cáncer de mama para siempre. La compañía luego sostuvo una pérdida de casi cien millones de dólares cuando se descubrió que estaban afiliados con productos que provocaban cáncer. ¡Y tienes que recordar que la confianza una vez que se pierde es casi imposible de reconstruir!

Sé inteligente—¡no mientas!

¿Estás en el Camino Correcto?

Así que, ahora que ya estás casi listo y tienes una comprensión profunda de los tratos de con qué trata una Buena Entrega, ¿quieres responder a algunas preguntas rápidas para asegurarte de que vas por buen camino?

¡Genial!

Primero, ¿estás identificando a tu audiencia objetivo? Recuerda, saber quién es tu audiencia objetivo, es la clave para asegurar que estás usando el método de entrega correcto.

Segundo, ¿estás siendo educado? Recuerda, la cortesía es una necesidad básica para la comunicación efectiva, lo que significa que, si no eres amable, ¡probablemente no obtendrás lo que quieres!

Tercero, ¿estás haciendo todo eso de la sobregeneralización otra vez? ¿Sí? Eso necesita parar inmediatamente. No vas a llegar a ningún lado si tu historia es puro ruido y nada de sustancia.

Cuarto, ¿estás siendo objetivo? A las personas les parece difícil ser objetivos o neutrales sobre temas sobre los que se preocupan profundamente, y esto es

94

por lo que es súper importante que tú como el comunicador estés conscientemente evitando la parcialidad. Recuerda, un buen comunicador transmite ideas no opiniones.

Y quinto, ¿estás tú o tu audiencia siendo silenciosos? ¿Qué significa eso? Ahora, el silencio es algo gracioso. Puede significar que estás tan interesado que estás escuchando atentamente. Por otro lado, puede ser una forma de abuso emocional agresivo, lo que es muy malo—¿cómo notas la diferencia?

Inicialmente, revisa para ver si hay un patrón. ¿Es porque se han quedado sin palabras, o es porque *tú* puedes ser bastante implacable cuando estás comunicándote y causando que otros se apaguen cuando intentan hablar contigo? Si no eres tú, entonces necesitas encontrar una manera de dejar saber a tu pareja que lo que están haciendo es brutal y no está bien.

Inicialmente, querrás ser abrasivo, pero la mejor manera de lidiar con esto es tener una conversación calmada y razonable, mostrarles que no estás peleando con ellos, y estás dispuesto a que te hablen y deseas resolver este problema.

Ejercicios Para Hacer—Tus Acciones OFICIALES

Hemos oficialmente terminado con los cómos y los por qués—o sea que estamos listos para avanzar a los pedazos más proactivos del programa. La entrega es un proceso activo, y la única forma que puedas asegurar que serás capaz de mejorar tu entrega es si empiezas a incluir estos problemas en tu rutina diaria, y proactivamente los practicas hasta que los tengas bajo control.

¿Listo?

Ya que la entrega es un tema tan extenso haremos un poco más de cinco acciones—no te asustes, ¡no tienes que hacerlas todas a la vez! Puedes ir lentamente incluyéndolas en tu rutina, pero recuerda que estas son simples directrices. La aplicación teórica y la aplicación real va a diferir, ¡así que siéntete libre de adaptar las cosas como te parezca!

¡Aquí vamos!

1. Mantente en el Mensaje Principal

Es fácil apartarse accidentalmente del tema central, particularmente cuando estás lidiando con un tema amplio y general. La mayoría de los temas involucran un tema general más que un evento o punto real, y corresponde al comunicador asegurarse de que su mensaje contenga el tipo de información que la audiencia necesita recibir. ¡Así que mantente con un mensaje principal!

2. Construye en NO MÁS de tres Puntos de Soporte

Sin embargo, ninguna discusión se mantiene con un solo punto. Lo mejor que puede hacer es preseleccionar tres puntos que crea que apoyan su argumento o tema y utilizarlos para construir el mensaje que desea presentar.

Solo recuerda, no busques una sobrecarga de información—¡tres puntos son más que suficiente!

3. Sea Amable y tenga Tacto Al Hablar

Otra acción pequeña acción obvia es trabajar en su

amabilidad. Hemos hablado antes de la amabilidad y volveremos a hacerlo en el próximo capítulo. Recuerda que juega un papel importante en cómo tu mensaje es recibido, y cómo tal no puede saltarse.

4. Mantén Tu Sangre Fluyendo

Otra cosa que muchos buenos comunicadores hacen es caminar o quedarse mientras presentan lo que dicen. El movimiento constante ayuda a la sangre a seguir fluyendo y evita que la audiencia se aburra ya que tienden a seguir mucha de tu actividad mentalmente.

5. Use Accesorios

Como nota aparte, intente siempre mantener accesorios a la mano. Tener accesorios permite involucrarte con algo mientras estás hablando y eso te ayuda a aferrar ciertos momentos de tu discurso en la mente de tu audiencia.

6. Mantén Siempre Contacto Visual

El contacto visual es un factor importante que no

puedes descartar. Le dice a tu audiencia que estás hablándoles específicamente a ellos y que además te ayuda a formar una conexión con tu audiencia.

7. Sé Breve Pero Completo

Y finalmente, tu última acción por este capítulo es asegurar que has completado tu discurso o tu comunicación deseada en la manera más breve y completa posible. Recuerda, nuestra atención solo dura cierto tiempo, y un comunicador terminará de hablar antes de que podamos largarnos mentalmente.

¿Lo tienes?

¡Genial!

¡Ve a practicar ahora!

Capítulo Tres — Involúcrate con Empatía

"Cuando muestras una profunda empatía hacia otros su energía defensiva baja y su energía positiva la reemplaza. Ahí es cuando puedes volverte más creativo resolviendo problemas."—Stephen Covey

¿Has intentado alguna vez entender la palabra, empatía?

Pero realmente entenderla.

No, no solo intentes usarla en una oración. Sí, sabemos que es un adjetivo.

¿Pero qué significa eso?

¿Cómo se ve la empatía? ¿Qué tan tangible es? ¿Cuáles son los factores que lo definen?

Ese es un montón de preguntas, ¿cierto?

Bajémosle un nivel a este interrogatorio, y volvamos a la primera pregunta que hicimos—¿qué significa "empatía"?

¿En una palabra? Empatía significa "experimentar". ¿Conoces el dicho, "camina en los zapatos de alguien más"? Significa, ser ellos por el día para que puedas ver, escuchar, sentir, y pensar como ellos. La empatía es lo mismo.

Empatía significa sentir como si tú *fueras* ellos— molestarte cuando ellos se molestan, sentirte triste cuando ellos están tristes, no sentir lástima por ellos (eso es simpatía).

Es simple realmente—imagina ser muy, muy ensimismado y egoísta—eso no es empatía.

Ahora, imagina lo opuesto. Imagina ser amable, y compasivo, y ver por lo que alguien está pasando y pensar en ello desde su perspectiva. Eso *es* empatía.

La razón por la que la empatía es tan importante es porque la empatía te permite comunicarte con flexibilidad o adaptabilidad. Ya que la empatía te permite meterte en los zapatos de otra persona, los comunicadores empáticos, en cambio, pueden usar este nuevo conocimiento para formar cómo tratan con la persona en frente de ellos.

Es como cuando haces un chiste de "Tu mamá es", solo para darte cuenta después que la persona a la que le dijiste el chiste, perdió a su madre el año pasado—

automáticamente tu cerebro se da cuenta que ese chiste, en este contexto en particular fue muy inapropiado.

Esto, aunque claramente un poco tarde en este caso, es empático. Como verá al final de este capítulo, la empatía es una parte clave de cualquier comunicación, no sólo porque ayuda a crear menos fricción, sino porque le permite entender que el valor de toda comunicación se basa en su contexto y no en la comunicación misma. Servirte un trago, solo tiene sentido si lo sirves en un contenedor de algún tipo. Servir escocés de 50 años en la acera mientras caminas a casa es solo un desperdicio. Así que incluso si estás usando las mismas palabras o las mismas acciones, tu comunicación significa diferentes cosas cuando se aplican a diferentes áreas o personas.

La importancia y valor de la empatía obviamente no se debaten, pero hay otras pocas preguntas que necesitamos entender. ¿Cómo desarrolla uno la empatía? ¿Es natural? ¿Cómo se ata a una identidad compartida y cómo la aplicamos? ¿De qué está hecha? ¿Cuándo entra en acción? ¿Cuándo es la empatía particularmente importante?

Y de repente, volvimos a las 101 preguntas. Tomemos estas una a la vez.

¿Listo?

Agarra tus palomitas. ¡Aquí vamos!

Formas Naturales de Empatía

Primero, intentemos descifrar cómo la empatía encaja en tu vida diaria.

Ahora, no te engañes. La empatía no es una gran burbuja de cosas. De hecho, está hecha de dos principales factores empáticos, que juntos se combinan para formar a lo que nos referimos ampliamente como empatía.

Aunque antes de meternos con algo de eso, necesitamos ser capaces de distinguir entre empatía y simpatía. Piensa sobre esto así. Estás comprando en Target y te cruzas una etiqueta que dice, "Hecho en China." Esto te recuerda al artículo en las noticias que viste hace algunas semanas donde hablaban sobre las terribles condiciones laborales en las fábricas clandestinas chinas. De repente, te domina la tristeza; te sientes mal por las personas en las fábricas clandestinas. Esto NO es empatía. Sientes lástima por ellos; te sientes mal por ellos. Esto es simpatía.

Empatía es cuando estás pensando cómo se sentiría ser ellos, un trabajador en una fábrica clandestina que se le paga menos de tres dólares al día por más de doce horas de trabajo. Esta forma particular de empatía es llamada *empatía emocional*—estás sintiendo como se siente la otra persona.

La empatía emocional puede desarrollarse de una a dos maneras. Una manera es ser capaz de sentir lo que ellos sienten, con el elemento clave siendo la atención. Mientras más prestas atención, más serás capaz de conectar con la otra persona, y, ahí es cuando construyes una "relación." Esta forma de empatía conectiva es comúnmente referida como la empatía social y es súper importante en todas las relaciones, pero particularmente cuando estás trabajando hacia una meta común. La empatía social funciona mejor cuando es acompañada por una preocupación empática que es la parte más proactiva de la empatía. Tu relación y conectividad con la persona están activando una necesidad de hacer algo acerca de eso. Esto podría ser algo tan simple como hacerles una taza de té y escucharlos o llevar a alguien a un hospital. Eso es realmente todo lo que toma porque en su núcleo la base de la preocupación empática es la conectividad de sentimientos y acciones.

El segundo tipo de empatía es la *empatía cognitiva*

que tiende a centrarse principalmente alrededor de la percepción. No tienes que sentirte como otra persona para tener empatía cognitiva. Todo lo que necesitas es ser capaz de pensar como ellos. Es como saber lo que a otra persona le gustará. Digamos que te gusta el helado de vainilla y a tu compañero le gusta el de fresa. No tiene que gustarte el helado de fresa para saber que cuando esté comprando una malteada él probablemente va a preferir una con sabor a fresa.

Combinar los dos tipos de simpatía permite conversaciones increíblemente fluidas.

¿Por qué?

Porque ahora, no solo eres capaz de pensar como la persona con la que hablas, y, por lo tanto, entiendes de dónde vienen, también sientes cómo se sienten, y actúas en base a eso. Mientras más fuertes son tus sentimientos empáticos, ¡más fuertes serán tus relaciones!

Absolutamente impresionante, ¿no es así?

Identidad Compartida y Comunicación

La razón por la que la empatía es predicada arriba y abajo siempre que se trata de comunicación es porque la empatía puede cambiar el curso de casi todo. Una oración bien expresada o un saludo amable puede ser la diferencia entre conservar un trabajo o alejarte en búsqueda de amabilidad, y a veces incluso puede ser la diferencia entre la vida y la muerte.

La empatía juega un rol activo aquí porque es la empatía la que crea un sentido de identidad compartida donde tratas al individuo con el que te estás comunicando como uno de los tuyos o donde los identificas como "similares" o "parecidos" y forman una especie de relación mental. La ausencia de empatía por otro lado alternativamente crea un sentido de "alteridad" cuando no consideras al individuo como parte de tu *grupo interno* y como tal no confías tanto en ellos.

Es básicamente una sensación de "nosotros" contra "ellos".

Antes de que avancemos a algo más, quiero que intentes identificar 5 instancias principales en las que hayas notado esta clase de agrupación en la vida moderna.

Empecemos con tu propia vida. Retrocede un poco y llévate a la secundaria ¿Quién eres? Eras o un chico genial o no lo eras. Aquí la diferencia era clara. Los chicos geniales, los deportistas, las animadoras etc., todos parecían formar un grupo interno. Cualquiera que no encajaba en esa cuenta era automáticamente clasificado al grupo externo.

Lo triste es—nunca superamos la secundaria entonces los conceptos de *grupo interno, grupo externo* tienden a llevarse a otros lados. Si estás trabajando en atención al cliente, es el personal contra la administración. En la política, son Demócratas contra Republicanos. Si es en la universidad, son los departamentos unos contra otros. La lista de mini batallas internas es infinita, como lo es el impacto que tiene sobre la comunicación este concepto de identidad compartida.

Veamos cada lado de manera individual.

Comunicación en Grupos INTERNOS y Grupos EXTERNOS

La comunicación de grupos internos es fácil. Porque los individuos tienden a sentir una conexión o un vínculo con otro grupo de personas, están inclinados a que les parezcan más confiables, y la comunicación que toma lugar entre miembros del grupo interno es mejor recibida y considerada más digna de atención.

En contraste, la conversación del grupo externo es como probar medicina que sabe mala porque no la queremos. Nos alejamos de ella para que la información no se registre al máximo e incluso cuando se hace la voluntad de garantizar que se siga perfectamente se queda corta. El sentido de desapego es lo que causa que la comunicación fracase, y también causa una caída percibida en la calidad de comunicación. No solo no quieres seguir instrucciones, tu cerebro también está justificando esto al decirte que las instrucciones son más difíciles.

El positivismo con que la comunicación del grupo interno es percibida es por lo tanto crítica para su impacto. Esta es la razón por la que los estadounidenses blancos de clase media baja son más propensos a querer un candidato presidencial blanco que hable con frases sencillas, en lugar de una persona de color bien educada, cuyas políticas son en realidad más beneficiosas para esa clase de personas.

Entonces, para hacer el cuento corto, necesitamos empatía. Sin ella, estamos ofreciendo una comunicación deficiente que puede no parecer crítica si se trata de un equipo de marketing que se ocupa de la colocación de productos, pero que es súper importante cuando se trata de un médico que está tomando la historia clínica de un paciente.

Cultivando la Empatía

Sabemos que la empatía es genial y todo eso, pero vayamos al centro del asunto. ¿Cómo creamos empatía?

Para empezar, necesitamos bajar la velocidad un poco y volver a lo que estábamos hablando un poco antes. ¿Recuerdas cómo dijimos que había dos tipos de empatía? ¿Y que una lidiaba con los pensamientos, mientras la otra lidiaba con sentimientos y acciones?

Bueno, empecemos con los pensamientos esta vez. Para cultivar la empatía, necesitas ser capaz de primero identificar y aplicar la perspectiva. Esto se llama ***atribución.*** La habilidad de hacerlo permite a los individuos recoger información rápidamente que es relevante a la situación o audiencia y calcular cómo transmitir mejor su mensaje, para que resuene con la audiencia.

Eso nos trae a la ***acomodación*** que es lo que hemos ignorado—la expresión tangible del elemento de la importancia. Piensa en esto así. Saber lo que quiere la otra parte o quiere escuchar es una cosa, pero cambiar tu propio acercamiento para hacer espacio para esas necesidades, para atender esos deseos, eso es diferente.

Eso es acomodación.

Consejo Profesional: Si estás intentando conscientemente de mejorar tus niveles de empatía y no estás seguro de cómo, que lo sepas—las dos cosas que significativamente mejoran la empatía— exposición y un vocabulario excelente.

¿Cómo?

Un buen vocabulario te da más rango sobre cómo puedes construir tus conversaciones. Mientras más idiomas conozcas, mejor será tu comprensión de otras culturas y más palabras que conoces de tu propio idioma, mejor será tu habilidad de transmitir tus pensamientos.

La exposición, por otro lado, es importante por razones obvias. Mientras más te mezclas con las personas, y mientras más viajes, más puedes practicar tus habilidades. Contrario a lo que piensan las personas, la empatía no es lo mismo en todos los idiomas y culturas. Lo que puede ser considerado empático en una sería simpático en otras. ¡Necesitas darte la oportunidad de ver y aprender lo que significa empatía en culturas diferentes y actuar adecuadamente!

Construyendo una Comunicación Empática en la Vida Diaria

Solo entiende que la empatía es importante o entender la estructura básica de cómo crear empatía artificial no es suficiente. Nos comunicamos cada día con tantas personas de tan diferentes condiciones sociales, que la mayoría de las veces olvidamos que hay ciertos objetivos que nuestra comunicación tiene que cumplir.

Tenemos que asegurarnos de que, al comunicarnos, lo hemos hecho en una manera que se entienda. Simplemente hablar y alejarnos sin notar si el recipiente de la información ha sido capaz de absorber o procesar lo que dijimos, no es efectivo. Tampoco lo es la comunicación que se retrasa debido a la mala ejecución de las instrucciones o a las limitaciones personales del sujeto al que se entregan las instrucciones.

Si no podemos ver cómo es percibida nuestra comunicación por los individuos con los que intentamos comunicarnos, y cómo están reaccionando, o cómo es probable que reaccionen a ella de manera individual, estamos fallando en tener una comunicación empática.

Una manera fácil de evitar esto es trabajar en cinco lecciones sobre empatía, eso ayudará a mantener tu viaje con la empatía en el camino.

Lección Uno: Adaptación Basada en el Contexto

La primera lección que necesitas aprender es que la empatía es subjetiva. Como hemos dicho antes, la naturaleza y la construcción de lo que es considerado empatía tiende a cambiar basado en las circunstancias en las que estás, y como tal, debe ser adaptado continuamente para encajar con sus alrededores.

Esta clase de adaptación puede referirse a una variedad de cosas. Puede referirse a palabras que estás escogiendo usar o incluso cómo las usas.

Aclaremos esto con un ejemplo.

Digamos que, eres el padre de dos hijos, Jake de 5 años, y una niña llamada Jessie, que tiene 4. Ahora, Jake y Jessie tienen personalidades drásticamente diferentes. Jake es obediente y amoroso, pero se asusta fácilmente. Jessie es egoísta, avariciosa, y tiende a reaccionar cuando no logra lo que quiere.

Necesitas llevar a los dos niños al médico para que se

vacunen contra la gripe, pero no estás seguro de cómo hacerlo, ya que es probable que Jake empiece a llorar de miedo y que Jessie empiece a sufrir un ataque que hará que sea aún más difícil tratar con ambos. Como padre, ¿cómo usas efectivamente la empatía para comunicarte efectivamente con los niños de tal manera que puedas hacer que vayan y reciban la vacuna?

Lo primero que tienes que hacer es entender el contexto—¿con quién estás hablando? Niños, ¿cierto? ¿Son capaces de entender la palabrería médica? A menos que Jake sea Sheldon Cooper en secreto, probablemente no, lo que significa que la palabrería médica no va a ser una manera efectiva de tratar con esta situación.

Ok, ahora enfoquémonos en cada niño individualmente. Jake es cariñoso y tiende a molestarse cuando su hermana se lastima o cuando tú el padre pareces sentir dolor. Ya que su debilidad es el miedo, una forma empática de lidiar con esto sería darle una manera de superarlo. Explicarle a Jake eso porque él es un niño grande y valiente que necesita ir al doctor contigo y con Jess, para que el doctor pueda darle algo que lo mantendrá a él, a Jess y a ti alejados del dolor. La idea de ser capaz de proteger a las personas que quiere del dolor idealmente neutralizará su miedo natural, y como tal te ayudará a llevarlo al doctor sin mucho problema.

Desafortunadamente, la misma técnica probablemente no funcionará en Jess ya que ella y Jake tienen personalidades drásticamente diferentes. En vez de eso, intenta usar una técnica más basada en el soborno para lidiar con ella. Ya que Jessie es más materialista, usa eso para obligarla a comportarse apropiadamente. Identifica algo que ella quiera, como un caramelo o un juguete, y dile que, si pasa por toda la cita sin hacer un berrinche, la llevarás a conseguir lo que sea que ella quiera, y ¡voilá! ¡Problema resuelto!

Lección Dos: Detrás de Escenas de la Comunicación Común

Mientras nosotros estamos de acuerdo y entendemos que es importante que adaptemos nuestro patrón de discurso o las palabras que estamos usando, para encajar con las necesidades de la audiencia, lo que es menos claro es cómo vamos a evaluar y luego decidir qué decir y qué no decir.

Intenta usar las siguientes preguntas para ayudarte:

- ¿**P**or qué necesitan escucharte?
- ¿**Q**ué palabras deberían ser usadas para enviar

el mensaje?
- ¿Por qué necesitan escucharlo?
- ¿De quién necesitan escucharlo?
- ¿Cuándo es el mensaje demasiado largo?
- ¿Cómo necesitan escucharlo?

Antes de que toquemos cada una de estas preguntas, notemos rápidamente que todo con lo que estamos a punto de tratar tiene que ver con comunicación no verbal. Esto es súper importante porque mientras las palabras que estamos escogiendo usar son importantes, es igualmente importante saber qué no decir o cuándo no decirlo. Entonces, mientras pasas por cada una de estas preguntas intenta hacer una nota mental de todas las señales no verbales que están siendo suscitadas como resultado.

Ahora, volviendo a las seis preguntas principales.

¿Por qué necesitan escucharlo?

Digamos por ejemplo que estás lidiando con alguien que tiene un problema con la igualdad racial y trabaja para el KKK. Involucrarlos en una conversación puede que no parezca lo más sensato, pero, de hecho, necesitan ser conscientes de lo que están haciendo y del impacto que tales acciones tienen en los seres humanos reales.

¿Qué palabras deberían ser usadas para enviar el mensaje?

Las palabras que escoges para usar son una parte importante de la comunicación y a menudo al tratar con clientes difíciles, una palabra equivocada puede llevar al desastre.

Lo primero que necesitas hacer es evaluar con qué clase de persona estás tratando. ¿Son pasivos o autoritarios? Una persona autoritaria no tomará bien que se le hable en un tono autoritario, mientras una persona pasiva usualmente responde mejor a la autoridad que a una sugerencia.

Es la diferencia entre usar la puede o podría, o usar un no positivo versus un no negativo. Necesitas elegir y redactar tus frases de manera que sean más agradables para el público al que van dirigidas.

¿Dónde necesitan escucharlo?

Otra cosa que podría ser probablemente buena de recordar es que no siempre es el lugar correcto para tener una conversación en particular. Como un gerente lidiando con un empleado beligerante, podría no ser buena idea reprocharlo en la tienda con clientes y otros empleados escuchando a menos que estés intentando mostrar un punto.

La comunicación empática busca ser efectiva, por lo que hay que preguntarse si la mejor y más amable manera de hacer lo que hay que hacer es al aire libre o a puertas cerradas, donde es más probable que sea más comunicativo sobre lo que pasó y por qué.

¿De quién necesitan escucharlo?

Otra cosa que necesitas tomar en cuenta es si eres la persona correcta para transmitir el mensaje. Si alguien que quieres salió herido en un accidente por un conductor ebrio, probablemente no querrás escuchar esa noticia del conductor ebrio en cuestión, ¿cierto?

Entonces, quién está hablando es igual o más importante que el mensaje, ya que el núcleo de la comunicación empática es la conectividad y la construcción de relaciones.

¿Cuándo es el mensaje demasiado largo?

Justo como hay un momento y un lugar para todo, también hay un contador para el tiempo asignado para discutir estas cosas. Un mensaje deja de ser efectivo si la comunicación continua por demasiado tiempo. Al mismo tiempo, las respuestas cortas de una sola palabra no siempre son lo mejor tampoco. Habla y comunícate, pero intenta encontrar un balance.

¿Cómo necesitan escucharlo?

Particularmente en el mundo y el ambiente de hoy, el modo de entrega parece ser esencial para entender qué tan seriamente o qué tan segura será la comunicación. El profesor canadiense y visionario, Mashall McLuhan, una vez dijo que el medio es el mensaje. La forma en que decidimos impartir un conocimiento específico es reveladora, en términos de cómo nosotros, el comunicador, percibimos ese mensaje y cómo será percibido ese mensaje.

Lección Tres: El Diablo está en los Detalles

A menos que estés lidiando con alguien que tiene una memoria fotográfica, tu audiencia es poco probable que mantengan toda o incluso la mayoría de la información que impartirás durante la comunicación. ¿Cuánta atención le has estado prestando a este libro? ¿Suficiente para ser capaz de recordar todos los puntos claves explicados en el Capítulo Uno? Poco probable.

No hay nada de malo—es normal.

Ahora déjame preguntarte esto. Ya que no vas a recordar la mayoría de la discusión de todas formas, ¿es realmente importante concentrarse en los detalles.

La respuesta es un inequívoco sí.

Porque no recordarás todo, es crucial que todos los detalles sean tan perfectos como sea posible porque no hay manera de decir qué pedazo en particular se quedará con tu audiencia. Si amortiguas tu increíble mensaje con un montón de cuentos que no son del tema, es más probable que la audiencia recuerde que seguías hablando de cosas que no son del tema, no de tu increíble mensaje. Lo más probable es que se lo pasen por alto. Tus palabras son como una pintura renacentista que viene a la vida—con cada oración añades definición. Sé gentil y sé meticuloso. ¡Tú audiencia lo merece!

Lección Cuatro: Autoempatía

Debido a que la empatía parece consistir en ponerse en el lugar de otra persona y puede parecer una exigencia de ser el último en la fila cuando se trata de prioridades, es fácil deslizarse por la pendiente del "placer de la gente".

Pero esto es lo que pasa. La autoempatía es tan importante como la empatía por otros. Concentrarte en expresiones externas de empatía puede ser súper perjudicial para tu propia salud mental. La necesidad de satisfacer continuamente o ayudar a las personas puede provenir que te involucres en una comunicación efectiva cuando tratas con un tema conflictivo.

Aparte, la empatía falsa no le sirve a nadie, y no es tan difícil, es imposible sentir por alguien más si no eres suficientemente amable y compasivo para sentir por ti mismo. Recuerda, la verdadera empatía nace naturalmente de la compasión. No es una farsa que se pone y se quita después.

Como comunicador, estás en una posición de liderazgo, y como tal, debes expresar con precisión lo que sientes para que aquellos con los que estás hablando tengan un claro entendimiento de lo que está sucediendo y de las reacciones que pueden esperar en el futuro por un comportamiento similar. Mientras más transparente seas en tu comunicación, más verás el reflejo de eso claramente en tu audiencia.

Lección Cinco: Unidad

Y finalmente, recuerda que tu empatía necesita ser una extensión de ti.

Tenga en cuenta que la comunicación es una vía de doble sentido, por lo que no está lanzando una bola de información a través de una valla y huyendo. Estás ahí parado absorbiendo todo lo que dices, tanto como tu audiencia—probablemente más porque estás más invertido en ello.

El teólogo, Peter Rollins, una vez dijo que las *cartas de amor siempre llegan a su destino.*

Su lógica era simple. Las cartas de amor, más que por ser para una audiencia específica, tienen un objetivo específico. Su objetivo es entregarse a sí mismas y los pensamientos en ellas a un individuo.

En la opinión de Rollins, tú eres ese individuo. Escribes porque las palabras están brotando de ti. Similarmente, tu empatía debe venir naturalmente desde adentro, porque eres el primer consumidor, si estás fingiendo, la primera persona que estás traicionando es a ti mismo.

Vida Empática—¿Lo estás haciendo Bien?

Solo saber cómo aplicar la empatía no es suficiente para aumentar tus estándares de comunicación. Hay una diferencia marcada entre saber que deberías estar haciendo algo y realmente hacerlo. Es por esto que pasarás algunas de las actividades comunes con las que tú como comunicador tratas con regularidad, y luego enseñarte cómo aplicar empatía para que estés mejor equipado la próxima vez que la oportunidad aparezca.

¿Estás listo para empezar?

Podrías querer buscar papel y lápiz para esta parte si quieres tomar notas.

¡Aquí vamos!

1. ¿Estás practicando la empatía al hablar?

Cuando estás hablando, como en una reunión o quizás en un programa, o incluso en la cena con amigos, una de las primeras cosas que necesitas saber es con "quién" hablas. Conocer a tu audiencia objetivo hace mucho más fácil entender qué decir, y cuál es un modo efectivo de transmisión.

Pensándolo bien, no hay tal cosa como una respuesta genérica. Todas las respuestas son específicas al caso. Digamos que estás consolando a un amigo cuyo padre acaba de fallecer. ¿Qué dirías? "Lamento tu pérdida" es bastante genérico. Pero y si te dijera que este amigo fue abusado por su padre cuando era niño. ¿Aún dirías eso? Probablemente no.

Entender con quién estás hablando recorrerá un gran camino en determinar lo que puedes decir, y lo que no puedes también. Entender qué vale la pena y que no es particularmente efectivo en los negocios, aunque es bastante apropiado en todos lados.

Escenario:

Tienes un discurso sobre la procrastinarían que necesitas entregarle a tu jefe y a otro puñado de gerentes superiores, la mayoría son conocidos por llegar retrasados. ¿Cuál es la mejor manera de acercarse a este tema? ¿Deberías ser autoritario o amigable? ¿Los regañarás a todos y a todos los procrastinadores, condenándolos y llamándolos ineficientes? ¿Puedes encontrar una manera de bromear y hablar compasivamente sobre algunas de las razones por las que "nosotros" llegamos tarde y luego explicar cómo podemos superar esos problemas haciendo X, Y o Z?

Entender en qué punto se encuentra con su audiencia le ayuda a encontrar una mejor manera de explicar las cosas que hay que decir. No se está evitando el tema; simplemente se está suministrando la información requerida de la manera en que es más probable que la acepten y la reconozcan.

¿Suena bien?

2. ¿Lo que escribes es suficientemente empático?

La mayoría de la lógica que acabas de aplicar a tu metáfora sobre hablar también aplica a lo que escribes. Un escritor empático debería estar haciendo todas las cosas que un orador hacer; solo que ellos necesitan hacer un poco más.

Cuando estás hablado, tu contenido es respaldado por un montón de comunicación no verbal que ni siquiera te das cuenta que estás haciendo. Tus gestos con las manos, la forma en que tu entonación cambia, tus expresiones faciales—todas estas cosas agregan valor y hacen que tu discurso valga más la pena.

Cuando estás escribiendo, necesitas encontrar la manera de hacer esto sin tener una audiencia directa.

Entonces, ¿qué haces?

Para empezar, averigua quién es tu audiencia objetivo; ¿quiénes son, a qué es probable que respondan, qué es lo que quieren, y cómo puedo dárselos?

Un gran ejemplo de escritura empática de una compañía es la campaña "Mejor Trabajo" de Procter and Gamble. La compañía, que produce una multitud de productos caseros estaba apuntando a las madres y su noción de ser invisible en sus papeles de cuidadoras y madres siendo equivalentes a un trabajo de tiempo completo. No solo la publicidad era pegajosa y motivadora para las madres, también estaba escrita en una manera que les decía a las madres que eran valoradas, que llevó a un pico en las ventas. Después de todo, ¿quién hace las compras en tu casa?

Aunque, escribir no siempre es acerca de publicidades. Escribir puede ser parte de tu trabajo si eres un periodista o un autor. Puede ser parte de tu curso de trabajo si vas a la escuela o la universidad. Si estás en una relación podría ser una carta de amor, y en cada aspecto es crítico que uses tus palabras para ayudar a identificar y elevar, para dar raíz a la empatía que estás intentando hacer crecer en tu comunicación.

3. ¿Estás escuchando con empatía?

Ya hemos hablado extensamente sobre qué tan importante la escucha empática es en el capítulo uno, pero te daremos un resumen rápido de todas formas.

Contrario a la opinión popular, escuchar es un ejercicio tan activo como hablar. La atención al detalle que es requerida cuando uno está escuchando de hecho es más alta cuando eres un hablante. Como hablante, estás dando información, mientras que cuando estás escuchando estás dando señales tanto verbales como no-verbales, y al mismo tiempo recibiendo y procesando información.

La escucha activa es una parte particularmente importante de una comunicación efectiva, y una parte de la escucha activa trata de tener empatía por el hablante.

Imagina que estás escuchando a tu tío Tod, quien es un partidario incondicional de Trump hablar de sus decisiones políticas. Eres un Social Demócrata y prefieres a Bernie Sanders y odias la propaganda racista que el presidente electo de tu tío está promoviendo. ¿Serás capaz de sacar algo de lo que dice tu tío si todo lo que puedes pensar mientras habla es en lo mucho que quieres interrumpirlo y decirle lo horrible que es su candidato?

¡No! Por supuesto que no. Pero, si lo deseas, y si lo decides, puedes hacer una escucha empática en la que, aunque no estés de acuerdo con lo que tu tío dice, al menos puedes averiguar de dónde viene, por qué piensa de la forma en que lo hace y qué lo lleva a votar por su candidato. A la larga, esto tendrá más efecto que lo que tenías planeado despotricar en tu cabeza.

4. ¿Eres el tú en las Redes Sociales que serías en la vida real?

Otro modo súper importante de comunicación en el mundo de hoy son las redes sociales. Facebook, Instagram, Twitter, e incluso Snapchat hasta un punto considerable han reemplazado la interacción social por completo, y ahora es aún más importante que nunca practicar empatía en las redes sociales.

Cuando entras en una discusión en las redes sociales, es realmente fácil que todo salga mal súper rápido. Usualmente, esto es porque el individuo en el otro lado cuando estás en redes sociales realmente no se siente como un ser humano en absoluto. Son más como un objeto o una cosa—como un bot. No necesariamente apegas emociones o sentimientos a ellos, pero eso no significa que lo que haces está bien.

Las redes sociales son un modo de comunicación igual que el teléfono, así que sé tan amable en ellas como serías como alguien quien llama para tener una conversación. Recuerda, tu empatía debe superar a tu molestia o ira. Es la única forma en la que serás capaz de tener conversaciones maduras.

Si estás teniendo una pelea con tu compañero en algún punto, te das cuenta que ambos se están gritando. La razón por la que no pueden llegar el uno al otro es porque a ambos les falta empatía. Da un paso atrás, sostén tus pensamientos, ponlos en tu bolsillo trasero e intenta entenderlos por un minuto. ¿Qué están diciendo? ¿Por qué lo están diciendo? No ganarás en una relación al ganar en una discusión. Ganas previniéndolos con una conversación.

5. ¿Estás juzgando?

Y la última pequeña cosa que podrías estar olvidando. Cuando se trata de empatía, no hay espacio para juicios. Ahora, sabemos que nunca considerarías salir a juzgar a alguien, pero cuando estás tratando con alguien si no intentas empatizar los pondrás en contra de tus estándares y eso es juzgar.

Ejercicios Para Hacer—Tus Acciones OFICIALES

Ahora que todos estamos al día sobre cómo y qué necesitamos hacer para ser comunicadores empáticos y eficaces, ¿por qué no les hacemos una lista de cosas para mantenerlos en práctica durante las próximas dos semanas, y esperemos que para siempre?

Recuerda, la práctica hace la perfección, y mientras la empatía ocurre naturalmente, necesitarás permitirle a todo el proceso un poco de tiempo antes de que pueda convertirse en una segunda naturaleza para ti.

Por ahora—¡vamos a repasar tus ejercicios!

1. ¡Sé empático en el trabajo!

Pasas la mayoría de tus horas despierto rodeado de estas personas y terminas pasando más del 80 por ciento de tu año trabajando con ellos y teniendo conversaciones con ellos. Eso es un montón de tiempo usado con personas que odias o te desagradan y, lo que, es más, es realmente malo para tu propia salud mental estar atrapado en esa prisión mental.

Detente.

Respira profundo y decide ser más amable y más agradable, construir una narrativa más amable para ellos, y hacer excusas para ellos en solo dos cortas semanas. ¡Al final incluso podrías no necesitar fingir más!

2. ¡Usa la empatía en interacciones sociales!

Igualmente, importante son tus interacciones con las personas a tu alrededor en tu vida diaria. Las cosas más pequeñas como una sonrisa de camino a la puerta, o un chiste de tu taxista son cosas que pueden hacer más brillante tu día porque la proximidad tiene un serio impacto en nuestras vidas.

Entonces, usa ese conocimiento. Haz lo mismo. Sé amable y empático con las personas que conoces. Encontrarás que decidir ser más amable automáticamente hace que tus niveles de estrés disminuyan. De repente, no tienes que estar molesto porque alguien se te adelantó, puedes hacer una excusa mental sobre cómo llega tarde a su primera entrevista y no pudo evitarlo. Recuerda, amabilidad, ante todo.

3. ¡Los líderes reales tienen empatía!

¡Y no termina ahí! La empatía es un elemento crítico de un buen liderazgo. Múltiples estudios han demostrado[2] que la empatía supera casi todas las habilidades de liderazgo y es clave para promover un compromiso y cooperación en oficinas y lugares de trabajo.. Veinte por ciento de los empleados están ahora siendo enviados a entrenamientos de empatía y ejercicios de construcción de equipos para incrementar la lealtad al equipo y la compañía.

4. ¡Sé Amable Contigo Mismo!

Hablamos sobre autoempatía y su importancia antes, así que no vamos a profundizar en este tema, pero ten en cuenta que tienes que ponerte primero para ser capaz de hacer esto por alguien más.

---

[2]   https://www.fastcompany.com/90272895/5-reasons-empathy-is-the-most-important-leadership-skill

5. ¡Medita!

Y finalmente, esto puede parecer un poco caprichoso, pero la empatía y toda esa comunicación pueden pasarle factura a tu psique. Te fuerza a estar continuamente involucrado, y tú no quieres eso. Nadie lo hace realmente, pero ya que tienes que lidiar con eso de todas formas, ¡limpia tu mente y alma de vez en cuando solo para asegurarte de que no te estás abrumando!

¿Ok?

¡Qué estás esperando! ¡Pruébalo!

Vamos—¡ya está, vete!

Capítulo Cuatro—Afila Tu

Honestidad

"La comunicación abierta y honesta es la mejor base para cualquier relación, pero recuerda que al final del día, no es lo que dices o lo que haces, sino cómo haces sentir a las personas lo que más importa."—Tony Hsieh

Mientras avanzamos, pronto entenderás que de todas las cosas necesarias para la comunicación efectiva las dos más importantes eran una comunicación abierta y honesta. Y la lógica detrás de esto es bastante simple también. La comunicación es un montón de trabajo duro y constante. No es como el trabajo en el que tienes los fines de semana libres. Te estás comunicando con personas casi todo el tiempo, ya sea con amigos y familia, o con colegas y extraños. Siempre lo estás haciendo.

Por eso es que es gracioso. Después de hacer bien más de diez mil horas de comunicación, aún no estamos ni cerca de un estándar de clase mundial. Entonces, ¿qué estamos haciendo mal?

Muchas cosas, y ya las hemos discutido en capítulos

anteriores, empezando desde escuchar apropiadamente a una entrega apropiada de la información e incluso problemas subyacentes como la empatía. La única cosa que no cubrimos con mucho detalle es el valor de la honestidad en términos de cómo comunicarnos correctamente y efectivamente.

Uno de los mayores problemas con los que lidiamos particularmente si estamos en fondo minoritario del espectro es qué tan honestos debemos ser cuando somos confrontados. Si eres un hombre de color en la América de hoy en día, este pensamiento te vendrá a la mente bastante a menudo, particularmente al tratar con autoridades, la brutalidad policial siendo lo que es. ¿Qué tan honesto debería ser? ¿Siempre debería probar mi punto sin importar la situación? ¿O debería mentir y hacer que se sientan mejor para que dejen de hostigar?

Una decisión bastante difícil, ¿no es así?

Aunque no hay una respuesta perfecta para este escenario en particular, deberías por supuesto siempre poner tu seguridad en primer lugar por encima de cualquier habilidad de comunicación que hayas aprendido. También es importante que empieces a afirmarte a ti mismo y a tu verdad para empezar a poner fin a este tipo de abuso de autoridad pública.

Necesitas usar tu voz y decirles a las personas cuál es tu verdad. No van a saberla de otra manera, y al mismo tiempo, necesitas hacerlo de una manera segura y estable donde no tengas miedo por tu vida.

Pero la brutalidad policial no es el único momento en el que te has preguntado sobre qué tan honesto deberías ser, y estos nueve pasos funcionarán maravillosamente bien para ese tipo de situaciones. Están hechos para equiparte para lidiar con situaciones en las que no sabes si deberías ser honesto o no.

Así que, estás cubierto de todas formas.

Piensa en esto como un reinicio. Lo que estamos a punto de hacer es ocuparnos de toda tu comunicación, honesta y abiertamente como debe serlo, y reiniciar el reloj de esas diez mil horas. Así que, por qué no dejamos de perder el tiempo y te mostramos cómo afilar perfectamente esas habilidades de honestidad.

Paso Uno: Escuchar Profundamente

Hemos hablado de escuchar antes en profundidad, y

estoy seguro de que crees que sabes todo lo que hay que saber sobre escuchar, pero espera un segundo. ¿Ves lo que estás haciendo justo ahora? Estás presumiendo. Presumes que has aprendido todo lo que hay que aprender sobre escuchar, y no necesitas saber más nada—porque crees que no hay más nada que aprender. Este es el problema con esto—te *rehusaste* a escuchar basado en una presunción.

Aunque puedes estar en lo correcto, y podrías saber teóricamente todo lo que hay que saber, no has sido capaz de aplicar ese aprendizaje suficientemente bien. Esto demuestra que tu habilidad para escuchar es aún superficial o poco profunda, mientras que lo que necesitas cultivar es escuchar profundamente. Entonces, ¿por qué es importante escuchar profundamente? Porque a menudo lo que una persona dice en la superficie y lo que tratan de comunicar no es lo mismo.

Toma la siguiente situación como ejemplo:

Hay cinco personas en el equipo de ventas llamado Insurgente, que es administrado por Jake. Son Cassie, Pennie, John, Mark, Lewis, y el mismo Jake. John y Jake son hermanos y Jake es el mejor amigo de Mark y Cassie quien es la novia de Jake. Penny ha estado lidiando con Mark siendo inapropiado con ella por más de tres meses. Como no hay RH formales, ella inicialmente habló con John ya que él era un empleado compañero y luego tuvo dos conversaciones con Jake donde él intentó explicar el problema. Pero John ya le había dicho a Jake que no había problema, y Jake ahora se rehúsa a hacer algo, diciéndole a Penny que es demasiado sensible. La conversación es entre tú, Lewis y Cassie.

Penny: Odio hablar con el jefe; literalmente no tiene sentido.

Tú: ¿A qué te refieres?

Penny: Es imposible lidiar con él. ¿Ni siquiera le importan las cosas que suceden en la oficina?

Tú: ¿A él no le importa la oficina?

Penny: Obviamente no, o realmente se tomaría los problemas de la oficina seriamente en vez de solo escuchar a su hermano todo el tiempo.

Tú: Su problema es que él solo escucha a su hermano.

Ahora, a primera vista tú has hecho todo bien. Tu conversación fue reflexiva; tú incitaste más información. Lo hiciste todo—entonces, ¿dónde te equivocaste? Entonces, estuviste escuchando superficialmente, y tomaste las cosas al pie de la letra en vez de añadir contexto. Pregúntate por qué Penny se sentía así. ¿Por qué cree ella que al jefe no le importa? La habilidad de entender el problema raíz es central al establecimiento apropiado de la comunicación honesta. La próxima vez, escucha con tu corazón como también con tus oídos.

Paso Dos: Actitud de Propiedad

La siguiente cosa más importante es el reconocimiento de tu propio comportamiento, así sabes cómo intentabas descubrir si deberías ser honesto, o si deberías mentir en caso de que la persona con la que estás hablando no puede "soportarlo." Lo que acabas de hacer ahí es actuar como un lanza-culpas. Tomaste el hecho de que hay reacciones adversas a tu comunicación a veces, y decidiste que era porque la persona no podía soportar tu honestidad. Automáticamente, fuiste absuelto de la culpa.

¿En serio?

Piensa en esto en el contexto del siguiente escenario:

Has sido el mejor amigo de Mary por 15 años. Recientemente, Mary ha estado saliendo con un chico llamado Ahmed quien es cinco años más joven que tú. Durante una conversación, decidiste decirle a Mary que piensas que es estúpida por salir con Ahmed, ya que son tan diferentes y porque ella está pasando un mal rato en la relación. Mary se ofende con lo que dices. La discusión es así:

Tú: Nunca va a funcionar, así que realmente no sé por qué pierdes tu tiempo.

Mary: Eso no es justo. ¡Realmente lo amo, y quiero que esto funcione!

Tú: Has dicho eso de cada chico con el que has salido, y seamos honestas, son como diez chicos al año. Sigue adelante.

Mary: ¡No puedo seguir adelante!

Tú: ¡Ni siquiera lo has intentado! ¡Ustedes dos ni siquiera hablan el mismo idioma!

Mary: ¡Tú sólo lo odias porque es musulmán!

Tú: No podría importarme menos. Y no es porque Ahmed sea musulmán, ¡es porque él no es lo correcto para ti, y que tú te niegas a admitirlo!

Mary: Pues, estás equivocada. ¡Vete!

Ok, esa fue una conversación bastante útil, ¿no es así?

Nótese el sarcasmo.

Mira la conversación. Si tienes razón o no viene al caso. Actuar como el abusador del patio de recreo y etiquetarlo como honestidad brutal no es un modo útil de comunicación y es un ejercicio completamente inútil. Lo único que has hecho en este proceso es alienar a tu mejor amiga, y lo que es peor la estás culpando a ella por el intercambio. Cuando la gente está discutiendo un problema, es narcisista pensar que la solución o el problema que usted está viendo es algo que ellos no han visto ya, o que usted les está diciendo algo que ellos no saben. Cuando las personas intentan decirte algo, están intentando ser escuchadas, y has fallado en eso. Estuviste tan ocupado explicando cómo tenías razón que no fuiste capaz de escuchar o entender las necesidades de Mary.

Lo primero que necesitas hacer en este caso es aprender a cómo admitir que eres problemático. Tu comportamiento es abrumador y no serás capaz de cambiarlo hasta que lo reconozcas. Reconoce que estás equivocado, reconoce el problema y el patrón, y luego sigue adelante.

Paso Tres: Propósito

Ahora que has reconocido y te has dado cuenta que hay problemas con tu comportamiento y tu acercamiento a la honestidad intentemos darnos cuenta el propósito central de una conversación honesta y abierta—alcanzar una meta específica o propuesta. Ahora, como hemos dicho antes, la honestidad es una parte crítica de alcanzar una meta. Es una parte central de ser productivo. Pero, ¿cómo vas a ser productivo, si tu comunicación es demasiado severa para empezar?

Mira los siguientes escenarios e intenta entender las diferencias principales:

Eres gerente de un hotel boutique de lujo en el que a menudo los huéspedes famosos se registran con un alias. Recientemente los nombres de los huéspedes famosos se filtraron a varios tabloides, y esto está ocasionando que el hotel pierda clientes. Te han asignado a para hablar con todo el personal y evaluar donde está la filtración y detenerla.

Conversación Uno:

Tú: No puedo creer que tengamos que hacer esto, pero alguien en el piso ha estado filtrando información privada sobre los huéspedes del hotel a los medios de comunicación, y una vez que averiguamos quién eres, ¡estás despedido! Y si nos enteramos que sabías y no hiciste nada acerca de ello, ¡también estás despedido!

Ok ahora, ¿cómo crees que tu personal va a reaccionar a este anuncio? Le has dicho efectivamente que uno de sus amigos y colegas la ha estropeado y va a perder su trabajo por eso. Independientemente de si los errores fueron intencionados o no, o si se enfrentaban a una crisis financiera, tu proclamaste que cualquiera que sepa del incidente, independientemente de si se presenta o no ahora, ¡también va a ser despedido! ¿Qué tan honestos crees que van a ser tus empleados?

Tu comunicación ha fracasado rotundamente su propósito de identificar y detener las filtraciones.

En contraste, considera esto:

Conversación Dos:

Tú: El hotel ha estado muy decepcionado al averiguar que uno de nosotros no ha sido tan considerado con la privacidad de nuestros clientes como lo somos normalmente. Vamos a tratar de encontrar una manera amistosa de resolver esto y le agradeceríamos que se presente ahora, en lugar de que nos enteremos más tarde después de la investigación interna. En ese punto, ya no podremos ayudarte. Si tienes alguna información que nos ayude a ayudar a tu amigo, por favor da un paso al frente. Apreciaríamos la ayuda, y tu lealtad se tomará en cuenta.

Ahora se les ha dicho a tus empleados que estás de su lado, peleando por ellos en contra de la administración, y que quieres intentar salvarlos. Les estás pidiendo ayuda y les estás diciendo que no podrás ayudarles si el problema no se resuelve antes de que se publique el informe de la investigación y la gerencia superior entre en acción. Automáticamente, los empleados lo ven como un alma gemela que está tratando de ayudarlos a no "atraparlos". Y para colmo, usted también ha dicho que va a mirar amablemente a cualquiera de los empleados que ayudan a su amigo al presentarse. Les has dicho que presentarse no sólo tiene beneficios para ti, sino que estás ayudando a tu amigo en lugar de ser un traidor.

¿Qué tan probable crees que sea que los empleados den un paso adelante ahora?

¡Logro desbloqueado!

Paso Cuatro: Compartir Inquietudes

Otro paso importante a observar si queremos fomentar conversaciones honestas y abiertas es la identificación de todas las razones por las que no queremos hablar de nuestros problemas. Esto también tiene su lado positivo: cuanto más se habla de las preocupaciones que se tienen, como que se rían de uno o que no se entiendan, menos probable es que se hagan realidad. Esto es porque las personas tienden a hacer lo opuesto a lo que les dices que harán. Si temes que la conversación que deseas tener sea mal recibida, diles eso. Lo más probable es que ahora hagan un esfuerzo consciente para no tomarlo mal, y su honestidad está siendo traducida para animarlos a que también hablen—¿cuán perfecto es eso?

Paso Cinco: Opiniones vs Hechos

¿El siguiente paso? Ser capaz de diferenciar honestamente entre lo que estás imaginando y con lo que estás lidiando realmente. Cuando lidiamos con una situación, dos cosas están pasando simultáneamente. Por un lado, estás tomando en cuenta los hechos del asunto, así que estás notando los acontecimientos reales que están ocurriendo, y, por otro lado, estás tratando con tu cerebro enloqueciendo y convirtiendo estos hechos en posibilidades usando tu imaginación. Esto significa que todas las cosas que están pasando ahora se están transformando en un asunto completamente diferente basado en a dónde te está llevando tu imaginación.

¿Por qué no lo desglosamos con un ejemplo para hacer las cosas más fáciles?

Se está llevando a cabo una conversación en la mesa entre tu hermano republicano, Donny, tu hermana demócrata, Hilary, y tú. Resulta que tú eres un Independiente en este contexto particular.

Donny: Los Demócratas solo desperdician dinero en cosas estúpidas como arte y museos. No es sorpresa que sigan perdiendo.

Hilary: Bueno, al menos no estamos aprovechando el dinero de la NRA y negándonos a hacer algo con respecto a que los niños en edad escolar mueran regularmente porque no queremos lastimarnos los bolsillos.

Tú: Bueno, en cualquier caso, Donny tiene un punto. Los Demócratas necesitan estructurar sus planes fiscales mejor. El arte y los museos pueden esperar, pero nuestra seguridad social no.

Hilary: ¿Entonces dices que hay que votar por un Republicano? ¿No te das cuenta que están arruinando el país con sus ideales supremacistas?

Este es el problema con la forma en la que Hilary ha percibido tu respuesta. Ella ha asumido que, porque estás de acuerdo con Donny en un tema, ahora eres un partidario Republicano que votará por un Republicano y, por lo tanto, eres anti-Demócrata. También ha asumido que porque eres un Republicano también apoyas toda la otra propaganda Republicana incluyendo la discriminación racial y la supremacía blanca.

La imaginación de Hilary se apoderó de ella. El problema ahora es que su imaginación está en el juego. Ella ya no está concentrada en los hechos—el hecho siendo que aceptaste que los Demócratas necesitan tener mejores planes fiscales. Ella asumió que el hecho de que estés de acuerdo en un tema te lleva a estar de acuerdo en un montón de otros temas y que todo esto ahora significa que estás apoyando al Partido Republicano, y ella reaccionó basándose en esa suposición.

En verdad, todo lo que dijiste es que estabas de acuerdo con que los Demócratas necesitaban una mejor planificación fiscal. Punto. Sin condicionales, peros, o quizás.

Aprende a tomar las cosas al pie de la letra. Si no lo haces, te encontrarás actuando como Hilary y reaccionando a un problema que no existe.

Paso Seis: Haz Solicitudes

Ahora, tener problemas es normal—pero lo que haces con ellos es lo que realmente importa. Si tienes un problema con tu jefe o la administración, en vez de ir por ahí quejándote sobre él y criticando el sistema, ¿por qué no buscar una solución e intentar implementarla?

Si el problema es una falta de retroalimentación, ve con tu supervisor y pídeles que usen una hora de tu agenda cada semana para darte opiniones para que puedas aprender y entender tus errores. Pide la ayuda que necesitas. Las personas no van a saber lo que quieres de una bola de cristal mágica. Necesitas alzar la voz y ser proactivo. En última instancia, se trata de encontrar o no una solución en lugar de quejas y problemas constantes para que la conversación siga adelante.

Paso Siete: El Análisis de Beneficios

La próxima pregunta que necesitas hacer porque francamente, todo el mundo la está haciendo, ¿qué gana el otro tipo? Siempre que queremos comunicar algo, normalmente es porque tenemos algún tipo de interés personal en el tema, o, en otras palabras, nos beneficiamos de ello. Pero que nosotros nos beneficiemos de eso no ayuda a la persona en la otra punta de la comunicación. Si quieres que estén motivados a hablar y a comunicarse contigo, tienes que ofrecerles una especie de beneficio—algo que los ayude, o al menos los motive.

Paso Ocho: El Plan de Seguimiento

Una vez que tengas todo en su lugar y hayas tenido esa conversación abierta perfecta que estabas buscando, ¿cuál crees que será el próximo paso? ¿Piñas coladas en una playa en Nuevo México? ¡No! Por supuesto que no. ¡Nada de lo que acabas de hacer vale algo si no te alejas de esa conversación con un plan concreto! Ese es tu plan de seguimiento. Necesitas tener acciones planeadas que te ayuden a implementar todo lo que tenías (¡más o menos como lo que has estado recibiendo al final de cada capítulo!)

Paso Nueve: ¡Aprecia Todo!

La comunicación abierta y honesta es genial y todo, pero no digamos mentiras y digamos que es fácil. Enfrentémoslo, es cualquier cosa menos eso. Desafortunadamente, muchas personas nunca hacen esto de nuevo sin importar qué tan beneficioso es porque no sienten que el esfuerzo y el estrés que tuvieron para ejecutar una comunicación honesta fue apreciado.

¡Recuerda que el refuerzo positivo es clave! Así que, ¡sal ahí y aprécialo!

Ejercicios Para Hacer—Tus Acciones OFICIALES

Finalmente, es hora de los ejercicios de nuevo. Ahora que tienes una idea clara de lo que es la comunicación honesta y cómo necesitas practicar ciertas cosas para asegurarte de tener una conversación más efectiva, es el momento de poner todo eso a trabajar. Esta vez, sólo te daremos una lista de cosas por hacer, y depende de ti usar los nueve pasos anteriores como una lista de verificación e implementarla en cada una de las instancias dadas, como los gerentes del ejemplo. ¿Listo?

1. Ten una conversación con tu pareja sobre problemas que estés enfrentando en cuanto a la relación.

2. Ten una conversación con tu amigo sobre una vez que estuviste extremadamente herido por algo que dijeron.

3. Ten una conversación con tu jefe sobre negociar un

aumento de sueldo.

4. Ten una conversación con alguien con un punto de vista opuesto en línea sin romper los métodos de comunicación que se te han enseñado.

5. Ten una conversación contigo mismo sobre lo que sientes que necesitas para seguir adelante.

Vamos, no seas perezoso. ¡Ponte a trabajar!

¡Puede que sea desalentador, pero la única salida es atravesarlo!

Capítulo Cinco—Cómo establecer un Escenario Ganar-Ganar

"Ganar-ganar es una creencia en la Tercera Alternativa. No es tu forma o mi forma; es una forma mejor, una superior."—Stephen Covey

Lo último con lo que tenemos que lidiar al terminar con lo básico de la comunicación efectiva es cómo alejarnos de la mesa sintiendo que nos hemos divertido, y cómo asegurarnos de que nuestro oponente sienta lo mismo.

Primero, no pienses en la otra persona como un oponente. Para ser realmente capaz de establecer canales de comunicación efectiva necesitamos ser capaces de pensar de nuestra audiencia de una manera positiva, lo que básicamente no es el caso si los estás llamando tus oponentes. Si estás haciendo eso, te estás preparando para una pelea.

Así que estamos llegando al problema final—la elaboración de un escenario ganar-ganar al incrementar la comunicación efectiva. Ahora hemos hablado mucho sobre cómo asegurar una comunicación efectiva, y cómo es importante, pero nunca llegamos a hablar sobre por qué queremos promover una comunicación efectiva.

Tomate un minuto y piensa cuál es el objetivo de cualquier forma de comunicación. Generalmente, es compartir ideas y alcanzar un balance en nuestras relaciones, o más específicamente, negociar. Ahora recuerda la última pelea que tuviste con tu pareja. ¿Eso se sintió como si estuvieras intentando negociar algo o se sintió como si estuvieras abriéndote la cabeza a golpes mientras las dos partes empezaron a atacar, etiquetar, o intentar controlar las acciones del otro?

Pero eso es solo una punta del espectro. Gritar y pelear es una manera de intentar de hacer llegar tu mensaje. La otra es la aquiescencia pasiva, en la que en vez de pelearse en un intento de transmitir tu mensaje a través de tus ojos de cachorro y esperar que tu público o la persona con la que estás hablando reciba el mensaje y no intente engañarte.

Ninguno de esos dos métodos es particularmente entretenido más bien, los métodos son ambos igualmente ineficaces. Entonces, ¿cuál es la manera "correcta" de lidiar con las cosas? ¿Cómo nos comprometemos y comunicamos nuestros pensamientos, sin que se conviertan en una zona de guerra total?

En pasos—Comunicación asertiva.

La comunicación asertiva es básicamente la comunicación que hemos estado enseñándote. Los comunicadores asertivos son honestos, empáticos, y ellos se toman el tiempo de escuchar mientras se aseguran que son escuchados.

La comunicación asertiva es la única forma de comunicación que le permite a los individuos trabajar juntos para identificar necesidades claves en ambos grupos y trabajar proactivamente para tratar esas necesidades de una manera que beneficie a ambos. Por lo tanto, les permite a ambas partes dejar la mesa satisfechos y lo más importante, dispuestos a involucrarse de nuevo.

Que es precisamente por qué vamos a explicarte cómo usar todas las técnicas elegantes que te acabamos de enseñar para elaborar tu acercamiento asertivo a la comunicación.

¿Qué opinas? ¿Estás listo para terminar tu tarea final antes de que puedas volverte un comunicador maestro?

¡No te preocupes!

¡Lo tienes!

¡Aquí vamos!

¿Cómo Se Siente Ganar?

Antes de que vayamos a enlistar todas las cosas que necesitas para asegurar que te sientas que has ganado algo de una comunicación. ¿Por qué no intentamos primero identificar la sensación de ganar y cómo se siente al ganar?

Aunque de niño la palabra ganar parecía denotar algún nivel de competencia contra sus compañeros u otros, para la mayoría de las personas a medida que crecen, el término "ganar" se convierte en intercambiable con la palabra "éxito". No es que sientes la necesidad intensa de ser el *número uno* en una competencia de arte. Es más que tienes una meta que te has establecido tú mismo, y quieres conseguirla.

Bastante simple, ¿no es así?

Ganar es una especie de logro.

Ok, pero ahora piensa sobre esto. ¿Cualquier forma de logro es algo por lo que vas a sentirte bien? ¿Qué pasa si logras tu tarea, pero tienes que hacer sacrificios con los que no te sientes cómodo, o si al final ganas, pero se dicen cosas feas y se quedan contigo? ¿Qué pasa si ganabas, pero te sentías degradado? ¿Eso aún estaría bien?

Vamos a adivinar y decir que ninguna de estas formas de ganar se sintió bien o como algo positivo. ¿Sabes lo que eso significado?

Significa que no fue ganar.

Lo más importante de ganar es que cuando estás ganando te alejas sintiéndote mejor sobre ti mismo de lo que te sentías antes, y eso no va a pasar si no lo estabas haciendo bien.

Además, ten en cuenta que todo este tiempo hemos estado hablando sobre cómo te sientes *tú* y cómo *tú* eres afectado.

Pero al final, la comunicación efectiva no se basa en *ti*. Está basada en ambas partes, lo que significa que ambos lados de la conversación necesitan sentirse bien sobre sí mismos al dejar la mesa. Esto va a tomar un poco de maniobras y un poco de buena planificación. Empezaremos con la planificación—¿suena bien?

Planeando para una Victoria Mutua

Ahora, ya que nos estamos centrando en la comunicación efectiva que sólo puede ocurrir cuando dos partes están presentes y satisfechas con el resultado de una conversación, vamos a encontrar una manera de empezar a planificar éxitos mutuos.

Pero, ¿cómo hace uno eso?

¿Dónde empiezas?

Idealmente, empezarás con los desafíos. Obviamente, tú y la persona a la que le comunicas información no están necesariamente en la misma página con todo. Aquí es donde el conflicto viene y subsecuentemente donde el desafío se alza. Tu nuevo trabajo es encontrar e identificar las diferencias a encontrar a su alrededor. Ese es el Paso Uno: Reconocimiento.

Una vez que hayas encontrado y reconocido las diferencias que necesitas para seguir adelante y encontrar algo en lo que ambos puedan estar de acuerdo para que puedan aportar un poco de refuerzo positivo, o simplemente decir, "Sí, estoy totalmente de acuerdo", ese es el Segundo Paso: *Estableciendo*

Terreno Común.

Si has logrado completar ambos pasos satisfactoriamente, ahora has establecido el escenario para una conversación abierta. Es hora de que empieces a entablar una conversación respetuosa con respecto a las diferentes opiniones e intentes encontrar una forma mutuamente beneficiosa de superar las diferencias de opinión que tienes. Esta es una combinación de tres pasos *Establecer Respeto, Proposiciones Balanceadas*, y finalmente, *El Desarrollo de un Plan de Acción Mutuamente Beneficioso.*

Suena casi perfecto—¡pero espera! Antes de que nos precipitemos y comencemos a trabajar en este plan maestro ganador, necesitamos asegurarnos de que tenemos la manera perfecta de utilizarlo. Necesitamos tener un *Seguimiento* claro que nos ayudará a lidiar con las consecuencias.

¡Ahora estamos listos!

Y por última vez, ¡aquí vamos!

Paso Uno: Reconocimiento.

Cualquier forma de comunicación necesita una base, y la base de cualquier comunicación efectiva necesita ser un reconocimiento de los problemas a la mano. Los problemas a la mano siendo las diferencias que tenemos y nuestro derecho a tener esas opiniones mutuamente exclusivas y cómo impactan nuestras mentes, pensamientos y planes futuros.

A lo que estamos llegando aquí es que ambos grupos necesitan ser escuchados.

Esto puede ser difícil, particularmente porque la escucha activa no es algo a lo que estamos acostumbrados. Incluso si estamos tratando de escuchar lo que la otra parte tiene que decir si cuando tratamos de explicarnos a nosotros mismos y nuestro punto de vista, la otra parte no está siendo igualmente receptiva, puede sentirse extremadamente irritante.

Pongámoslo en contexto, ¿sí?

Eres un votante Republicano blanco adinerado, llamado Harold del norte de Nueva York. Entiendes el concepto de disparidad racial, pero no crees que las cuestiones políticamente motivadas deberían tener un impacto en el mundo académico, ya que Estados Unidos es un país con educación primaria y secundaria gratuita. Está debatiendo la cuestión de la "acción afirmativa" o para ser más explícito la cuestión de las "cuotas" para los estudiantes negros o de minorías en las universidades de la Liga IVY, una de las cuales es su ex-alumno. Tu hijo, Harold, tiene la misma edad que la persona con la que estás hablando, un futuro alumno de Harvard llamado William que fue admitido por acción afirmativa.

La conversación es así.

Harold: La acción afirmativa no tiene sentido, y creo que debería ser prohibida. Había bastantes estudiantes negros en mi época, y ahora hay incluso más. El sistema es injusto y no tiene sentido. Los estudiantes deberían ir a las mejores universidades basados en sus notas y mérito, no por su color de piel.

William: Si bien estoy de acuerdo en que el mérito debería ser la base de la selección, creo que no has entendido el punto de la acción afirmativa, que es que las puntuaciones sólo cuentan cuando hay una base equilibrada para empezar. La mayoría de los niños negros no son criados con los mismos privilegios que los blancos, y como tal, sin la acción afirmativa apenas tienen una oportunidad.

Harold: Eso no tiene sentido. ¿Estás seguro que es porque no quieres esforzarte? Porque eso es lo que parece.

William: ¿Por qué no tiene sentido, porque no encaja con tu narrativa? A mí me parece que solo eres racista y quieres que los blancos reciban todo lo bueno.

Ok, ahora, ¿cuál crees que era el problema con esta conversación?

Inicialmente, las dos primeras líneas parecían bien / Harold dijo lo que pensaba, y luego William marcó su punto. Entonces, ¿qué salió mal?

Bueno, notarás que la segunda línea de Harold muestra claramente que mientras William estaba escuchando sus preocupaciones y respondiendo respetuosamente, Harold no estaba interesado en lo que tenía que decir, y en vez de eso ignoró sus preocupaciones y lo degradó al mismo tiempo. Esto le mostró a William que no solo le importaba poco lo que pensaba, tampoco le importaba mucho él como persona.

Esta falta de respeto acompañada de su obvia incapacidad de escuchar, rápidamente resultó en la propia actitud de William en cuanto a la situación cambiara. Notarás que en la próxima respuesta cuando William se da cuenta que su opinión no será respetada, el también deja de ser respetuoso y se vuelve conflictivo. Toda la conversación lleva a un resultado no productivo, y nadie gana.

Ahora, mira este escenario donde una pareja está discutiendo un problema en el que no están de acuerdo en cuanto a su hijo, Jiyong.

Padre 1: No creo que Jiyong deba quedarse en la escuela. Le han estado haciendo mucho bullying recientemente, y creo que estudiar en casa es la mejor opción para él.

Padre 2: Lo entiendo, pero tengo una opinión diferente. Mientras él ha estado recibiendo bullying, ha estado mejorando, y ha estado empezando a realmente hacer amigos ahí. ¿No crees que estudiar en casa lo aislará?

Padre 1: ¿Crees que estará aislado? Nunca pensé eso. Solo lejos de la proximidad de esos abusados ya que siento que va a afectar su psique mientras crece. Tampoco lo he visto realmente con amigos, aunque él dice que los ha hecho. ¿Crees que deberíamos hablar de eso con él?

Padre 2: Sí, lo creo. Sigo pensando que enfrentar la adversidad y superarla es una mejor manera de lidiar con todo el asunto, pero si piensas que la educación en el hogar es una mejor opción, preferiría ponérsela a él y ver lo que tiene que decir. ¿Qué opinas?

Padre 1: estoy de acuerdo. Hablemos con él antes de tomar alguna decisión concreta. Gracias, bebé.

Nota que en esta conversación ambas partes han elegido ver y reconocer las diferencias de opiniones. De hecho, no solo han escogido ver y reconocer sus diferencias, pero también han marcado el punto de aceptar los puntos hechos por la parte opuesta. La comunicación clara se ha hecho, que es exactamente lo que buscábamos.

Paso Dos: *Estableciendo Terreno Común.*

Lo siguiente que tienes que hacer es encontrar una manera de estar de acuerdo en algo. Esto es crítico porque es difícil tener una conversación, particularmente una conversación difícil si no estás de acuerdo en nada. Esta es una parte crítica de avanzar los intereses mutuos y no se puede deshacer. Encontrarás que mientras más difícil es el tema, o los puntos de vista más conflictivos son, más crucial es que encuentres terreno común, ya que, sin él, se te hará difícil estar de acuerdo en algo.

Echémosle un vistazo a un escenario de muestra.

Tú y tu mejor amigo han estado discutiendo la inflamatoria respuesta que el senador de Queensland, Fraser Anning, tuvo ante el ataque terrorista llevado a cabo por un australiano blanco en una mezquita de Christchurch, Nueva Zelanda. Tu amigo Eric cree que Anning, a pesar de tener una forma grosera de decirlo, tenía un punto válido, mientras que tú crees que Anning no tenía por qué hacer la declaración que hizo, como ser humano, y mucho menos como figura política.

La conversación es así.

Tú: El Senador Anning es una desgracia para Australia y el mundo. No entiendo cómo una figura pública como él podría alentar abiertamente el asesinato en masa y terrorismo que se llevó a cabo en Christchurch. El no merece tener un cargo.

Eric: Sea como sea, y estoy de acuerdo que él no debería estar en público apoyando un acto terrorista, él no está solo en ese punto de vista. Hay muchos otros políticos y personas en general que opinan como él.

Tú: ¿A qué te refieres?

Eric: La inmigración es un tema delicado hoy en día, y lo que dice Fraser tiene algo de mérito. Hay terroristas inmigrando aquí de otros países y bombardeando a nuestra propia gente. No es sorprendente que algún extremista intentaría volver de la misma manera, ¿no?

Tú: Creo que veo a dónde quieres llegar con esto, y aunque puedo entender lo que estás diciendo sobre las represalias, creo que te estás perdiendo el hecho de que no todos los actos de terrorismo provienen de fuentes externas. El problema no es la inmigración. Es la falta de integración, que es por lo que pasó Christchurch. Todo el concepto de nosotros contra ellos lo está causando.

Eric: Pues sí, un poco, pero el problema no sería así de prominente si las personas no estuvieran inmigrando tanto, ¿no crees?

Fíjate que los dos tienen puntos de vista muy diferentes sobre la validez de la respuesta del Senador Anning, y sin embargo han sido capaces de continuar comunicándose claramente y sin degradarse mutuamente porque están de acuerdo en uno o dos temas fundamentales, como el hecho de que la reacción de Anning fue inapropiada en las circunstancias dadas.

Paso Tres: Estableciendo Respeto

Otra parte importante de la comunicación es el respeto. No vas a llegar a ningún lado con las personas si estás continuamente degradándolos o tratándolos como si no importaran. Que es exactamente por lo que es importante asegurarse que respetas a otros. Ahora, el problema clave aquí es el dogmatismo, y ya hemos hablado sobre el dogmatismo antes, pero aún no lo hemos visto realmente en acción.

El dogmatismo es cuando alguien decide creer que ellos son los únicos que tienen razón y que son los únicos con la verdad en su idea sin importarles otra persona. El problema con esta clase de comportamiento es que no puedes esperar que alguien más te respete cuando tú mismo no te respetas.

Si quieres que alguien sea amable y te escuche mientras explicas tu punto, necesitas permitirles el mismo respeto y hacer lo mismo por ellos. Recuerda, trata a otros como quieres que te traten. Una manera genial de asegurarse que eres respetuoso es cortando las palabras de tu vocabulario. En lugar de decir cosas como "No creo que eso vaya a pasar" o "No, no quiero eso", trata de enmarcar las frases de manera más positiva, como "Vaya, eso suena realmente bien, pero creo que puede ser un poco difícil conseguir que la alta administración se ponga de acuerdo" o "Honestamente, aunque puedo ver de dónde vienes, no estoy seguro de que sea así como yo imaginé este proyecto". Recuerda, sin importar lo que digan las personas, la honestidad brutal no es genial o más efectiva no te hace más inteligente o un mejor comunicador. En todo lo que te convierte es un abusador.

¿La honestidad es importante? ¡Sí! Claro que lo es.

Pero también lo es el respeto y si tu acercamiento a la honestidad es disminuir o destruir tu respeto por la otra parte, realmente necesitas encontrar otra manera.

Como dijo la COO de Facebook Sheryl Sandberg, "La comunicación funciona mejor cuando combinamos lo apropiado con lo auténtico, encontrando el punto clave donde las opiniones no son brutalmente honestas sino delicadamente honestas."

Paso Cuatro: Balanceando Oberturas

Las aperturas equilibradas se refieren a un sentido de equidad que es crucial para cualquier forma de comunicación, pero particularmente para la comunicación empresarial en la que se busca tomar una decisión efectiva. Piensa sobre esto así. Si está teniendo una conversación con alguien, y ellos están presionándote constantemente para tomar una decisión. Incluso si es la decisión correcta, no vas a alejarte de esa conversación sintiéndote satisfecho, mucho menos queriendo tener una conversación con ellos de nuevo en algún momento.

Al mismo tiempo, si eres el que está presionando y forzando una opinión en alguien, no puedes esperar que ellos se sientan como si están recibiendo un buen trato. Lo único en lo que van a estar pensando es en cuándo pueden largarse de ahí.

Piensa en esto en el contexto de una relación sexual entre un hombre y una mujer. El hombre, Jordan, no está dispuesto a tener relaciones sexuales ya que cree firmemente que el sexo sólo debe ser compartido entre parejas casadas. Su novia, Ivanka, se ríe de estas afirmaciones e insiste en tener sexo en su relación, ya que piensa que es normal. La conversación es así:

Jordan: No creo estar listo para esto. De hecho, no estoy seguro si quiero hacerlo hasta estar casado.

Ivanka: (riendo) No seas tonto, Jordan, no es como si doliera la primera vez para los hombres. Aparte, tomo la pastilla.

Jordan: Igual no estoy realmente cómodo con la idea. Me sentiría culpable después.

Ivanka: Sabes que básicamente me estás diciendo que no me deseas. ¿Realmente no sientes nada por mí? Vamos; sabes que sí. Además, se sentirá tan bien.

Jordan: Me sentiría mal acerca de eso después, no se trata de ti.

Ivanka: Si no estás de acuerdo, creo que tendremos que terminar. No quieres terminar, ¿o sí?

En este escenario, Ivanka evade conscientemente todas las objeciones de Jordan y sigue empujando lo que quiere como si lo único que importara fuera su consentimiento. Como resultado, aunque Jordan acepte tener relaciones sexuales, sólo lo está haciendo porque se le está intimidando, y eso hace que se sienta desvalorizado y objetivado como persona. A largo plazo, la tendencia constante a dominar el consentimiento de Jordan va a llevar a una comunicación unidireccional entre ambos que es fatal para cualquier relación.

Aquí es donde debe haber un elemento de balance entre ambas partes durante cualquier forma de comunicación. Un acuerdo en el que sólo gana una de las partes nunca es un buen acuerdo porque cierra efectivamente la puerta a futuras comunicaciones de esa fuente en particular, lo que resulta en un callejón sin salida cuando surge un nuevo problema.

Para hacer el cuento corto–no te enfoques en el resultado inmediato. Las victorias a corto plazo no significarán nada si estás arruinando completamente la relación. Tus victorias a corto plazo deben construir una victoria más grande no romperse y separarse.

Paso Cinco: Desarrollando un Plan Mutuamente Beneficioso

La mejor manera de comunicarse eficazmente es hacerlo de manera que ambas partes se beneficien y se comprometan. Una buena manera de fomentar esto en tu oponente es crear primero una lista clara de las cosas sobre las que estás dispuesto a negociar y otra lista de las cosas que necesitas absolutamente. Haz que tu audiencia o la parte opuesta haga lo mismo, luego ten una discusión clara basada en los puntos dados.

Comienza con una de las cosas sobre las que puedes negociar y, como un gesto de buena fe, cede. Esto no significa que siempre debas ceder para mantener la paz, o que debas ceder en un tema sobre el que te sientas fuertemente inclinado. Cualquier concesión que hagas debe provenir de tu lista de artículos negociables y es simplemente un gesto simbólico para mostrarle a tu oponente que estás dispuesto a hacer un esfuerzo extra y que ellos también necesitan ser capaces de dar un paso adelante. Esto no sólo le da a tu oponente una impresión positiva de ti y de tus motivos, sino que los hace más propensos a tratar de emularte y también a ser considerados durante las negociaciones.

Veamos esto en el contexto de un acuerdo de negocios, donde la Parte A está buscando comprar tres apartamentos de la Parte B. La comunicación es la siguiente:

Parte A: Aunque nos encantan los tres apartamentos, no creemos que seis millones sea una evaluación apropiada para los tres, y no nos sentimos cómodos con ese precio para el apartamento 2 en particular, ya que es casi la mitad del tamaño del apartamento 3.

Parte B: ¡Gracias! Estamos felices de que les gustaran. ¿Están cómodos con las evaluaciones de los otros?

Parte A: Bueno, sí, y no. El apartamento 1 tiene una hermosa vista y vale la pena los dos millones de dólares que se piden, pero el apartamento 3, aunque es mucho más espacioso, no tiene una gran vista y no puede ser modificado de ninguna manera debido a las restricciones del edificio, por lo que creemos que uno debería tener un precio más bajo también.

Parte B: Hmm, eso es desafortunado. Con el apartamento 2, estamos realmente entreteniendo ofertas más altas, pero estamos dispuestos a bajar a 1,8 millones de dólares si usted está tomando los tres. Con el apartamento 3, sin embargo, no podemos hacer nada en términos de precios, ya que el coste es demasiado alto. Sin embargo, podemos hablar con las autoridades públicas por usted y ver si podemos negociar un permiso de renovación. Sin embargo, la renovación tendría que ser a costa suya.

Parte A: Entonces, ¿no pueden hacer nada sobre el apartamento 3?

Parte B: No, desafortunadamente no.

Parte A: Bueno, para ser honesto, el precio de descuento en el apartamento 2 compensa un poco el problema, y la renovación sería la cereza en la cima. Así que, si lo del permiso funciona, diremos que sí.

Parte B: ¡Perfecto! ¿Qué tal si nos ponemos en contacto con usted tan pronto sepamos algo de las autoridades planificadoras?

Parte A: Estaremos esperando.

En el ejemplo dado, ambas partes eligen reconocer y aceptar las concesiones hechas por las otras partes, y sin empujar o ser prepotentes de ninguna manera. Es decir, sin utilizar amenazas ni manipulaciones para encontrar un plan mutuamente beneficioso.

Este es el ejemplo perfecto de cómo un plan mutuamente beneficioso es una gran manera de asegurar que su comunicación sea efectiva y productiva, con ambas partes sintiendo que han logrado algo. Lo mejor es que si los problemas mutuos se escuchan adecuadamente, incluso si no se puede llegar a una decisión conjunta, todavía no se siente agotado o infeliz, lo que deja la puerta abierta para posibles interacciones futuras. Que es exactamente cómo quieres que sean las cosas.

Ningún acuerdo es mejor que un acuerdo forzado

porque una vez que se fuerza algo, se está arruinando un canal de comunicación para siempre, y no queremos eso, ¿verdad?

Paso Seis: Seguimiento

Y eso nos trae al paso final de este viaje.

El Seguimiento.

Tener un buen plan efectivo que hayas desarrollado después de tener una conversación honesta y respetuosa con tu oponente es una manera perfecta de implementar tus nuevas habilidades de comunicación. Sin embargo, ninguna de estas habilidades vale nada si no estás haciéndoles seguimiento con un estricto plan de acción.

Se claro y conciso, sí, ¡pero también sé efectivo!

Conclusión

"Para comunicarnos efectivamente, debemos darnos cuenta de que todos somos diferentes en la forma en que percibimos el mundo y usar este entendimiento como una guía para nuestras comunicaciones con los demás"—Tony Robbins.

Y eso nos trae al final—ha sido un viaje bastante largo, ¿no es así?

Para empezar, déjenos tomar un momento para agradecerte por comprar Comunicación Efectiva: 5 Consejos y Ejercicios Esenciales para Mejorar la Forma en que se Comunica en este Mundo Dividido, ¡Incluso si se Trata de Política, Raza o Género! Esperamos sinceramente que el libro haya sido capaz de ayudarte de manera eficaz y sistemática a comprender mejor los mejores métodos y técnicas para desarrollar un estilo de comunicación eficaz.

Con el mundo más dividido que nunca, el impacto inmediato en nuestras vidas personales y profesionales es una fuente clave de estrés para casi todos nosotros. Aunque la mayoría de las personas pueden tener dificultades para entender cómo lidiar con esto, acabas de demostrar tu valía dando el primer paso para enfrentar este problema de frente.

Pero como hemos dicho antes, este libro es apenas una guía. De hecho, ¿por qué no lo tomas como un mapa?

Como comunicador, necesitas descubrir qué funciona mejor para ti y los intereses que representas. Usa las técnicas que te han ofrecido, pero no te sientas obligado a ser dominado por ellas. Recuerda, ¡ser tú mismo es lo más importante!

Es por eso que, en esa nota final, queremos recordarte que es súper importante para nosotros que sepas que tu confianza en nosotros para ofrecerte una lectura de calidad es algo que atesoramos. Estamos agradecidos por tu apoyo, y solo podemos esperar que hemos cumplido lo prometido. ¡De ser así, por favor deja una reseña! ¡Nos encantaría saber de ti!

Referencias

3 Reglas Doradas para una Comunicación Honesta (2015). Extraído el 6 de Abril del 2019, del sitio web Mind Movies Blog:: https://www.mindmovies.com/blogroll/3-golden-rules-for-honest-communication

5 Consejos para Construir Habilidades de Entrega Efectiva - Comunicaciones de Negocios. (2011, 31 de Marzo). Extraído el 6 de Abril de 2019 del sitio web Business Communications: https://managementhelp.org/blogs/communications/2011/03/09/5-tips-for-building-effective-delivery-skills/

Ahmed, S. (2016a). Un libro de texto para Evaluar las Habilidades de Comunicación Efectiva. *Avances en Estudios Literarios y de Lengua, 7(3), 57-70*. Extraído de http://www.journals.aiac.org.au/index.php/alls/article/view/2264/1985

Ahmed, S. (2016b). Un libro de texto para Evaluar las Habilidades de Comunicación Efectiva. *Avances en Estudios Literarios y de Lengua, 7(3), 57-70*. Extraído de

https://doaj.org/article/d0af18481f134a149a9eee2efc
b90faa

Amy Rees Anderson. (2015, 15 de mayo). Los Buenos
Empleados Cometen Errores. Los Líderes Geniales Se
Lo   Permiten.   *Forbes*.   Extraído   de
https://www.forbes.com/sites/amyanderson/2013/0
4/17/good-employees-make-mistakes-great-leaders-
allow-them-to/#44b74b0a126a

Baker, J. (2018, 23 de abril). PeopleResults. Extraído
el 6 de abril de 2019 del sitio web PeopleResults:
https://www.people-results.com/call-empathy-key-
effective-communication-relationships/

Sé Honesto: ¿Te Estás Comunicando Efectivamente? |.
(2017, 12 de septiembre). Extraído el 6 de abril de 2019
del   sitio   web   Beyondphilosophy.com:
https://beyondphilosophy.com/honest-
communicating-effectively/

Más allá del dogmatismo: 6 maneras de avanzar hacia
un entendimiento. (2017, 19 de diciembre). Extraído el
6 de abril de 2019 del sitio web AgileUprising.com:
http://agileuprising.com/2017/12/19/beyond-
dogmatism-6-ways-to-move-towards-understanding/

Construyendo La Confianza Mediante Honestidad y
Comunicación Abierta. (2012, 30 de julio). Extraído el

6 de abril de 2019 del sitio web Consultas Makarios: http://makariosconsulting.com/building-trust-through-honesty-and-open-communication/

Capítulo 12 INTRODUCCIÓN A LA COMUNICACIÓN. (n.d.). Extraído de https://www.faa.gov/about/initiatives/maintenance_ hf/library/documents/media/human_factors_mainte nance/human_factors_guide_for_aviation_maintena nce_-_chapter_13.communication.pdf

comfreaksolution.com. (2019a). Las Herramientas Ganadoras para la Comunicación Efectiva - Focus Learning Consulting Sdn Bhd. Extraido el 6 de abril del 2019 del sitio web de Focus Learning Consulting Sdn Bhd.: http://www.focuslearning.com.my/services/training/ wtfc/

comfreaksolution.com. (2019b). Las Herramientas Ganadoras para la Comunicación Efectiva - Focus Learning Consulting Sdn Bhd. Extraido del sitio web de Focus Learning Consulting Sdn Bhd.: http://www.focuslearning.com.my/services/training/ wtfc/

Comunicarse Con Integridad Ayuda a las Organizaciones a Soportar Cambios. (2017, 26 de octubre). Extraído el 6 de abril de 2019 del sitio web

PRSA:
http://apps.prsa.org/Intelligence/TheStrategist/Artic
les/view/12077/1149/Communicating_With_Integrit
y_Helps_Organizations_E#.XKjxABMzaRs

Comunicación: Seamos Honestos. (2015, 9 de junio).
Extraído el 6 de abril de 2019 del sitio web Consultas
Makarios:
http://makariosconsulting.com/communication-lets-
honest/

Crews, N. E. (1979). Desarrollando empatía para una
comunicación efectiva. *Diario AORN, 30*(3), 536–548.
https://doi.org/10.1016/s0001-2092(07)62963-9

Edinger, S. (2013, 21 de marzo). Si Quieres
Comunicarte Mejor, Lee Esto. *Forbes*. Extraído de
https://www.forbes.com/sites/scottedinger/2013/03
/20/if-you-want-to-communicate-better-read-
this/#b9602722dd1a

Efectos de la Comunicación Negativa en el Lugar de
Trabajo. (2019). Extraído el 6 de abril de 2019 del sitio
web   Chron.com:
https://smallbusiness.chron.com/effects-negative-
communication-workplace-11524.html

Inteligencia Emocional (CE) | El Primer Proveedor -
Pruebas, Entrenamiento, Certificación y Coaching. -

TalentSmart. (2018). Extraído el 6 de abril de 2019 del sitio web TalentSmart: http://www.talentsmart.com/articles/How-Complaining-Rewires-Your-Brain-for-Negativity-2147446676-p-1.html

Fisher, E. (2018, 13 de abril). Integridad en la Comunicación: Demuéstralo con Acciones - AdLibbing.org. Extraído el 6 de abril de 2019 del sitio web AdLibbing.org: https://www.adlibbing.org/2018/04/13/integrity-in-communication-prove-it-with-action/

Comunicación Honesta (2019). Extraído el 6 de abril de 2019 del sitio web Learningtogive.org: https://www.learningtogive.org/units/character-education-honesty-grade-8/honest-communication

La Honestidad es la Mejor Política: La comunicación efectiva es esencial para lograr una buena muerte. (2008, 30 de diciembre). Extraído del sitio web MD Magazine: https://www.mdmag.com/journals/oncng-oncologynursing/2008/oncnurse_december_2008/honesty_best_policy

Cómo Armar a las Personas. El Corazón de la Comunicación Efectiva. (2015a, 28 de marzo). Extraído el 6 de abril de 2019 del sitio web TowerOfPower.com.au:

https://www.towerofpower.com.au/the-heart-of-effective-communication-how-to-love-people

Cómo Armar a las Personas. El Corazón de la Comunicación Efectiva. (2015b, 28 de marzo). Extraído del sitio web TowerOfPower.com.au: https://www.towerofpower.com.au/the-heart-of-effective-communication-how-to-love-people

https://www.facebook.com/communicationtraining. (2018a, 8 de marzo). Tratamiento Silencioso: Cómo Manejarlo --Entrenamiento de Habilidades de Comunicación Efectiva. Extraído el 6 de abril del 2019 del sitio web Dan OConnor Training: https://www.danoconnortraining.com/silent-treatment-handling/

https://www.facebook.com/communicationtraining. (2018b, 8 de junio). Tratamiento Silencioso: Cómo Manejarlo --Entrenamiento de Habilidades de Comunicación Efectiva. Extraído del sitio web Dan OConnor Training: https://www.danoconnortraining.com/silent-treatment-handling/

https://www.facebook.com/OrnaAndMatthew. (2014, 29 de enero). La Delgada Línea Entre Ser Brutalmente Honesto y la Comunicación Auténtica. Extraído el 6 de abril de 2019 del sitio web YourTango:

https://www.yourtango.com/experts/orna-and-matthew-walters/honesty-really-best-policy

KELLERMANN, K. (1989). El Efecto de la Negatividad en la Interacción está Todo en Tu Punto de Vista. *Human Communication Research*, *16*(2), 147–183. https://doi.org/10.1111/j.1468-2958.1989.tb00208.x

Melissa. (2013, 11 de enero). Cómo el Lenguaje Negativo Perjudica Tu Comunicación — Comunicación Efectiva | Consejos Expertos. Extraído el 6 de abril de 2019 del sitio web Effectivecomunicationadvice.com: http://effectivecommunicationadvice: http://effectivecommunicationadvice.com/negative-language

PowerofPositivity. (2017, 12 de junio). Psicólogos Explican Cómo Detener los Chismes de Inmediato. Extraído el 6 de abril del 2019 de Power of Positivity: Sitio web Positive Thinking & Attitude: https://www.powerofpositivity.com/psychologists-reveal-the-one-phrase-to-stop-gossiping-immediately-still-in-progress/

Rodger Dean Duncan. (2014, 8 de noviembre). Excusas, excusas: Liderazgo que Evita el Juego de la Culpa. *Forbes*. Extraído de https://www.forbes.com/sites/rodgerdeanduncan/2014/11/08/excuses-excuses-leadership-that-avoidsthe-blame-game/#4b27bbe63c2a

Roy, A., (2018, 12 de junio). Avelo Roy. Extraído el 6 de abril de 2019 del sitio web de Avelo Roy: https://aveloroy.com/2015/04/18/effectively-communicate-win-over-irrational-people/

Stillman, J. (2016, 29 de febrero). Quejarse es Terrible Para Ti, De Acuerdo a la Ciencia. Extraído el 6 de abril de 2019 del sitio web Inc.com: http://effectivecommunicationadvice: https://www.inc.com/jessica-stillman/complaining-rewires-your-brain-for-negativity-science-says.html

Tres Declaraciones Simples que Curan el Dogmatismo y Abren Mentes. (2015). Extraído el 6 de abril de 2019 del sitio web Psychology Today: https://www.psychologytoday.com/us/blog/brainsna cks/201512/three-simple-statements-cure-dogmatism-and-open-minds

to. (2018). 7 C's de la Comunicación Efectiva Extraído de https://www.youtube.com/watch?v=7JZ1v-VwTXg

¿Qué son las Comunicaciones Basadas en Integridad (CBI)? (2014). Extraído el 6 de abril de 2019 del sitio web Linkedin.com: http://effectivecommunicationadvice: https://www.linkedin.com/pulse/20141117232256-

5989008-what-is-integrity-based-communications-ibc/

White, K. (2006). *Estudio Independiente de Comunicación Efectiva* Extraído de https://training.fema.gov/emiweb/downloads/is242.pdf

(2019). Extraído el 6 de abril de 2019 del sitio web Lifehacker.com: http://effectivecommunicationadvice: https://lifehacker.com/use-the-hail-method-to-be-more-persuasive-and-trustwort-1599169164

www.ingramcontent.com/pod-product-compliance
Lightning Source LLC
Chambersburg PA
CBHW020908180526
45163CB00007B/2671